Dedico este livro a minha família, que, à sua maneira, me abriu as portas para a espiritualidade, e ao meu amigo Príncipe por ter-me inspirado a ideia de produzi-lo.

© 2017 por Lúcio Morigi
© Mucella1 | Dreamstime.com

Coordenadora editorial: Tânia Lins
Coordenador de comunicação: Marcio Lipari
Capa e projeto gráfico: Jaqueline Kir
Diagramação: Rafael Rojas
Preparação de originais: Lúcio Morigi
Revisão: Lúcio Morigi

1ª edição — 2ª impressão
2.000 exemplares — junho 2017
Tiragem total: 4.000 exemplares

**CIP-BRASIL — CATALOGAÇÃO NA PUBLICAÇÃO
(SINDICATO NACIONAL DOS EDITORES DE LIVROS, RJ)**

M849d
    Morigi, Lúcio
    10 coisas que você precisa saber antes de morrer / Lúcio Morigi. - 1. ed. - São Paulo : Vida & Consciência, 2017.
    192 p. ; 21 cm

    ISBN 978-85-7722-537-8

    1. Espiritualidade. 2. Qualidade de vida. I. Título.

17-40746   CDD: 133.9
                            CDU: 133.9

Todos os direitos reservados. Nenhuma parte desta edição pode ser utilizada ou reproduzida, por qualquer forma ou meio, seja ele mecânico ou eletrônico, fotocópia, gravação etc., tampouco apropriada ou estocada em sistema de banco de dados, sem a expressa autorização da editora (Lei nº 5.988, de 14/12/1973).

Este livro adota as regras do novo acordo ortográfico (2009).

Vida & Consciência Editora e Distribuidora Ltda.
Rua Agostinho Gomes, 2.312 — São Paulo — SP — Brasil
CEP 04206-001
editora@vidaeconsciencia.com.br
www.vidaeconsciencia.com.br

10 COISAS
QUE VOCÊ PRECISA SABER ANTES DE MORRER

Pra se dar bem nesta vida e na outra

LÚCIO MORIGI

SUMÁRIO

AGRADECIMENTO 6
INTRODUÇÃO 7
1. Controle mental 16
2. Onde e como é o astral 27
3. O que conta mesmo é o bem que
   você faz pra si 54
4. Céu e inferno, Deus e Diabo 62
5. Obsessão, encosto, possessão 80
6. Hora da morte 86
7. Como se chega ao astral 98
8. Morrer com a cabeça boa
   e tipos de morte 108
9. O que atrapalha quem morreu 122
10. O que realmente é pecado 129
11. Leveza interior 135
12. Um papo com o Cachoeira 148

AGRADECIMENTO

Agradeço aos meus amigos médiuns Luiz Gasparetto e Helton Villani que serviram de canal das informações e esclarecimentos sobre a vida após a morte, trazidas pelos amigos desencarnados Calunga e Cachoeira, possibilitando-me a realização deste livro.

INTRODUÇÃO

Se há um assunto que me empolga sobremaneira e me desperta imensa curiosidade desde sempre é o referente ao pós-morte. Já na infância me intrigava demais quando era levado a um velório. Ficava triste e pensativo olhando aquele corpo inerte no caixão e, ao mesmo tempo, com a certeza de que aquele morto que eu conhecia estava em algum lugar. Sua vida não acabava ali. Porém, esse lugar não era lá muito bom, mesmo que fosse o céu. O que aquela pessoa estaria fazendo naquela hora enquanto seus familiares a velavam aos prantos? Onde ela estava? No céu, no purgatório ou no inferno? Como e onde eram esses lugares? O que me vinha mais clara era a imagem do inferno, um lugar de fogo com labaredas vermelhas altas (não gostava da cor vermelha porque era do Diabo e das putas), com o capeta e seu tridente cutucando os desafortunados que morreram em pecado mortal, que nunca se queimavam e que gritavam de dor pela eternidade. Ai que horror! A grande maioria era de putas, de assassinos, dos que pulavam carnaval e dos que não eram católicos.

E o medo que eu tinha de morrer em pecado mortal? O pior era que isso poderia acontecer a qualquer momento. Deus que me defenda! Eu iria direto para esse inferno. Meu pecado mortal era sempre ligado ao sexo, ou seja, qualquer gesto que mexesse com o pinto, já que eu não roubava, não matava, não pulava carnaval e era católico.

Foi nessa tormenta psicoespiritual que eu cresci, ultrapassando a adolescência. Ainda pré-adolescente fui para o seminário. Aí que a coisa pegou! Quem estava em pecado não podia comungar. Os padres ficavam nos últimos bancos da capela, enquanto os seminaristas ficavam nos bancos da frente durante a missa que era diária. Eu tinha certeza de que eles observavam quem comungava ou não e isso contava, pelo menos para mim, na entrevista de final de ano para decidir quem iria voltar ou não para o seminário no ano seguinte, além do bom desempenho escolar. Vi muitos colegas chorando porque não voltariam. Já pensou, chegar de férias em casa e dizer para os pais que fui expulso do seminário? Não sei o que era pior: esse terror ou o pavor de morrer a qualquer momento em pecado mortal e ir direto para o inferno. Então, descobri uma boa saída. Me masturbava e corria me confessar pra comungar no dia seguinte. Não adianta, a natureza sempre vence.

Como estava dizendo, o pós-morte sempre me intrigou, e com o tempo procurei me informar sobre e estudar o assunto. Eu sabia que não podia ser do jeito que aprendi com a religião. Era uma coisa muito absurda. Essa versão totalmente fantasiosa e distorcida, infelizmente ainda é tida como verdadeira por muitos, principalmente pelos seguidores das religiões cristãs mais radicais. Por sua vez, para as religiões, esse tema é um tabu que perdura desde os tempos bíblicos, e que não se propõem a estudar, a pesquisar como muitos fazem, aos quais me incluo, cujo esclarecimento nos poupa de uma série de sofrimentos, pois, onde há esclarecimento não há dor. Toda dor é fruto da ignorância, mesmo as provenientes de doenças, eis que essas têm suas causas nas crenças e atitudes ignorantes que cultivamos. *Mens sana in corpore sano.* A mente sã em corpo são.

Qual a pessoa mais indicada para ensinar sobre o que acontece após a morte? O médium, o *channel* (canal), como se diz nos Estados Unidos. Felizmente, a mediunidade já é tida como uma realidade e é um fenômeno amplamente aceito hoje em dia. Assim, eu fui procurar logo quem? O Gasparetto. Acompanho-o há mais de vinte e cinco anos, sendo que escrevi em parceria com ele os livros *revelação da Luz e das Sombras*, *Gasparetto responde!*, *Calunga revela as leis da vida* e *Fazendo acontecer!*, editados pela Editora Vida & Consciência.

O Luiz Gasparetto canaliza sábios, sábias, pintores, empresários, magos, cientistas, santos, reis, poetas, escritores que nos contam como é a vida no astral, ou seja, o mundo dos mortos e, principalmente, o que precisamos fazer para nos darmos bem tanto lá quanto aqui. Como meu contato é semanal com o Gasparetto e com o Helton Villani, que também só incorpora entidades sábias, costumo dizer que falo com os mortos toda semana. Que coisa maravilhosa! Sempre digo que sou uma pessoa privilegiada.

Aprendi, com esses amigos do astral, que o mundo deles é um lugar muito semelhante ao nosso, só que vibrando em outra frequência energética. Para os que preferem seguir apenas a ciência, é um dos universos paralelos que os cientistas afirmam existirem. Adoro essa dupla: espiritualidade e ciência. Deus, antes de tudo, é um cientista. Tanto é que meu livro, *O cientista de hoje*, também editado pela Editora Vida & Consciência, trata exatamente desse assunto. As duas não se opõem, mas se complementam.

Veja partes do prefácio do romance *O cientista de hoje*:

> Muitas pessoas dizem que não se pode afirmar nada do que acontece após a morte porque ninguém voltou para contar. Como não? Hoje a comunicação com os mortos é rotineira, principalmente no Brasil. É só se interessar pelo assunto e ir atrás. Como para mim esse tema é fascinante e sempre me aguçou a curiosidade, fui atrás e agora ele já virou feijão com arroz.[...]
>
> Aprendi que lá não há nada de misticismo e mistérios, mas muita ciência e espiritualidade. É um mundo tão concreto e tão real quanto este, apenas vibrando em outra frequência energética.[...]
>
> Como a ciência está apenas iniciando as pesquisas nesse campo, ele tem ficado a cargo das religiões, que nos passam informações equivocadas a respeito, que remontam a milhares de anos, cheias de fantasias e medos, porque também não sabem e não se propõem a pesquisar. Com o tempo, a ciência tomará conta do assunto

e as religiões acatarão como aconteceu no episódio de Galileu.

Todavia, o mais importante que a gente aprende com as pessoas desencarnadas não é como se vive lá, como é a geografia dos lugares, o que fazem, a sociedade, os costumes — o que também não deixa de ser muito interessante e curioso —, mas o que conta e o que não conta para viver bem, tanto lá quanto aqui. Foi essa a razão que me levou a escrever este livro.[...]

Dez coisas que você precisa saber antes de morrer, também é um livro de esclarecimentos, de informações para que você prolongue sua vida aqui com qualidade e chegue ao astral, o que fatalmente vai ocorrer, consciente da realidade de lá, evitando uma série de sofrimentos desnecessários. Pois, como já disse, toda dor provém da ignorância. Entra o esclarecimento, ou seja, a clareza, a luz, saem as dores, isto é, as trevas.

Jamais aceite a desculpa de que é mistério de Deus. É mistério para quem desconhece o assunto e não tem uma explicação a respeito. Nada é mistério. Deus não é misterioso e não esconde nada. Ele deu a inteligência para o ser humano descobrir tudo. O que existe é o desconhecido. Quantos mistérios não havia na Idade Média e que hoje são fatos corriqueiros?

Toda bagagem de informações que obtive e continuo obtendo dos amigos do astral, através dos médiuns, é plenamente suficiente para me sentir credenciado a falar e a escrever sobre a vida após a morte. Porém, tenho mais um forte motivo para tanto. Faço projeção astral consciente. Projeção astral, desdobramento ou, ainda, viagem astral é um fenômeno simplesmente espetacular que deixaria qualquer cientista perplexo, que consiste na saída do corpo astral do corpo físico enquanto este dorme. Nessa saída, o corpo astral é projetado para lugares tanto do astral como daqui da Terra. Tive várias experiências da espécie muito marcantes.

Ah, mas não é sonho? Decididamente, não. É bem diferente. Enquanto no sonho geralmente os fatos não seguem uma lógica, na projeção astral tudo acontece como na vigília. É simplesmente real tudo aquilo que a gente vivencia. Tive uma prova cabal disso quando fiz um curso com o professor Wagner Borges, um grande especialista e estudioso do assunto. Certa vez, numa aula, ele disse que muitos alunos que estavam presentes assistiam aos cursos que ele dava em projeção astral. E acrescentou: o alemão aí vem toda noite.

Então, fiquei ligado naquilo. Naquela mesma noite, de repente, me vi assistindo à aula dele e logo imaginei que estava projetado. Nas cadeiras à minha frente havia três alunos que não paravam de conversar, o que já estava me irritando. Então, o professor Wagner veio até eles e pediu para que ficassem quietos.

No dia seguinte, fui à aula normalmente e a primeira coisa que perguntei ao professor foi se à noite anterior ele havia dado aula projetado. Ele disse que sim e que eu estava presente. Dei um pulo de alegria! Antes que eu indagasse, ele acrescentou que havia combinado com aqueles três alunos para que eles conversassem, pois aquilo seria a senha para a gente confirmar no dia seguinte na vigília. Pronto! Precisa de mais alguma prova? Quando você experiencia algo assim podem vir mil teólogos renomados, mil cientistas prêmios Nobel para o convencerem do contrário que não adianta. A experiência vale mais que toda teoria. Não é assim que trabalha a ciência?

Se você procura se informar e se preparar da maneira mais detalhada possível quando vai viajar para um lugar diferente, principalmente para o exterior, para saber a respeito dos costumes, das leis do país, com o intuito de evitar transtornos, imagina, então, para fazer a viagem mais importante da sua vida, que fatalmente ocorrerá? Ainda mais para um lugar totalmente desconhecido ou, pior, para um lugar totalmente fantasioso, ilusório e cheio de medos porque aprendeu equivocadamente a respeito.

A morte deve ser boa, ou Deus não teria ordenado que acontecesse a todos. Por que viver com medo dela?

Os que temem a morte não podem conhecer a verdadeira natureza de sua alma. "Os covardes morrem muitas vezes antes da morte; o valente prova seu gosto só uma vez."

O covarde vive em sua mente, repetidas vezes, um filme de dor e morte. O valente morre de causas naturais ou é espiritualmente avançado, o corpo das sensações simplesmente adormece e, quando a consciência volta a despertar em outro plano, tem todas as sensações do corpo sem a forma física. Toda a consciência está na mente, exatamente como nos sonhos. Não é difícil imaginar isso. Quem morre, apenas se desfaz do corpo físico denso, que é apenas uma forma inferior da mente e a causa de todos os problemas para a alma.[...]

Yogananda

1
Controle mental

Das dez coisas que você precisa saber antes de morrer, o controle mental é, sem sombra de dúvida, o mais importante, pois lá no astral tudo vai depender da sua mente. As únicas coisas que levamos quando morremos são nossas crenças, aquilo que a mente acha importante e faz sentido. Por exemplo, se uma pessoa morre com muitas ilusões a respeito da vida após a morte, vai materializar aquilo. Então, ela vai viver num mundo fantasioso, ilusório, com muito sofrimento. Todas as crenças fortes se materializam, os medos se materializam, já que os medos são frutos das crenças.

Para ela tudo aquilo é real e passa a viver essa realidade falsa, sentindo no corpo astral, que é uma cópia fiel do corpo físico, os efeitos de suas crenças ilusórias. É o que chamamos de psicose pós-desencarne. Claro que isso é passageiro, porque lá também tem a realidade comum como aqui, e mais cedo ou mais tarde a pessoa vai cair na real. Há um filme muito lindo que retrata bem isso que estou dizendo. Chama-se *Amor Além da Vida*. Seu produtor é um profundo conhecedor do assunto pós-morte, pois evidencia ali o que ocorre com a personagem que morre e somatiza uma realidade ilusória.

Por que essa facilidade em materializar as crenças? Porque a matéria do astral é menos densa que a daqui, por isso também é chamado de mundo etéreo. Os átomos e as moléculas são menos coesos, então o poder da mente faz a crença se materializar mais facilmente que no mundo físico. Tanto lá como aqui, o que manda são as crenças. "Sua fé te salvou", dizia Jesus sempre que operava um milagre. A pessoa se curou porque acreditou, ou seja, o que a gente acredita, dá importância, acaba se materializando. Um medo é uma crença em algo negativo, por isso, se esse medo for insistente, ele acaba se materializando. No astral, então, a materialização é instantânea.

O que ocorre no astral com nossas crenças não é diferente do que ocorre aqui. Apenas aqui tudo é bem mais demorado pelo fato da matéria ser mais densa. Mas, tudo, tudo passa pelo crivo da mente que firma nossas crenças. A crença se torna matéria tanto no astral como aqui. A mente tem um poder infinito e ela permeia todo o mundo material e o mundo astral. Tudo na nossa vida depende da nossa mente. Quando alguém deseja comprar uma casa, por exemplo, primeiro ele a mentaliza, depois o valor, o local e o material vão se constituindo, sendo alimentados pela mente até a casa se materializar. Assim acontece com o casamento, com a escola, com a profissão, com absolutamente tudo. Tudo tem origem e continuidade na mente.

Você poderia perguntar, se tudo depende das crenças, como fica a pessoa que não acredita em vida após a morte depois que morre?

A lei do crer funciona para a qualidade de vida da pessoa, para as coisas que ela gostaria de ter. Para fatos que aconteceram, para o que está construído, para o que está criado, enfim, para o que existe, crer ou não crer não vai alterar nada. Há muitas pessoas que ainda não acreditam que o homem foi à Lua, mas ele foi diversas vezes. Na Idade Média, muitos não acreditavam que a

Terra girava em torno do Sol. Adiantou alguma coisa? A eternidade e a vida após a morte, mesmo que a pessoa não acredite, são reais. É como não acreditar na existência dos terremotos por quem nunca sentiu um. A pessoa que não acredita na vida após a morte, ao desencarnar, por força de sua crença, poderá passar certo período sem ver nada, ou dormindo. Mas, a realidade está lá, e mais cedo ou mais tarde ela vai precisar acordar para essa realidade. É, mas se ela não acreditar que morreu, já que ela se vê viva? É muito fácil. É só trazer a mãe que morreu muito antes para conversar com ela.

Este esclarecimento também serve para os seguidores das religiões que acreditam que após a morte ficam dormindo até o juízo final.

Por que nós encarnamos no mundo físico? Exatamente para aprender a lidar com a mente que tem um poder infinito. Já pensou com todo esse potencial com uma mente indisciplinada? Lá no astral esse processo se torna muito dificultoso, pois tudo se materializa muito rápido e a vida da pessoa que não tem disciplina mental vira um inferno. Como aqui é tudo muito lento, a materialização é mais demorada, facilitando tremendamente o processo de disciplina mental. Tem-se tempo para pensar, para concluir, para descartar, para digerir, para experimentar. No astral, não. Tudo isso pode ocorrer simultaneamente. Os amigos desencarnados dizem que estamos aqui na matéria descansando, tirando férias.

Procure verificar e você vai perceber que a pessoa sem disciplina mental, que não é focada, tem sua vida toda bagunçada, emperrada, nada vai para frente, em todas as áreas de sua vida, a profissional, a da saúde, a dos relacionamentos, a financeira. Uma empresa sem disciplina está fadada ao fracasso. Em todas as conquistas a disciplina foi fundamental. Não há esse homem ou essa mulher de sucesso que não tenha a disciplina em primeiro plano.

Já parou para pensar como o universo é disciplinado? Cada planeta, cada satélite, cada estrela, cada cometa tem sua órbita, e cada um tem sua velocidade praticamente constante, permitindo, por exemplo, que os cientistas calculem com exatidão quando o cometa Halley vai se tornar visível no interior do sistema solar novamente, sendo que isso acontece de setenta e seis em setenta e seis anos. Graças a essa disciplina, os cientistas conseguiram há pouco tempo pousar, com sucesso total, uma sonda num cometa, após viajar mais de 6,4 bilhões de quilômetros pelo sistema solar, durante um período de mais de dez anos.

Como você percebe se alguém é ou não mentalmente disciplinado? Primeiro vamos incluir outro fator que é a cabeça boa. Cabeça boa produz bons pensamentos que provocam na alma reações felizes. Cabeça ruim produz maus pensamentos que provocam na alma sensações infelizes.

A disciplina mental e a cabeça boa são gêmeas univitelinas. Quem tem uma cabeça boa tem disciplina mental e vice-versa. Tem a cabeça boa quem não é dramático, quem curte o que tem sem se preocupar ou se lamentar pelo que ainda não tem. Ou seja, ela vive no presente. Tem uma energia nutritiva. Então, a vida a apoia em tudo. Trata-se de uma pessoa realizada e quanto mais ela age assim, mais as coisas vêm e mais ela se realiza. Desse modo, o segredo é o seguinte: seja feliz com o que tem, que o que deseja vem, e não esperar que o que deseja venha para ser feliz. O negócio é ser para ter e não ter para ser. Por isso, o exterior é o reflexo do interior e não o contrário. Será que não é devido a isso que as coisas que você tanto deseja não se materializam na sua vida?

Já, a pessoa que tem a cabeça ruim ou é indisciplinada mentalmente, é aquela que está presa no passado, lamentando o que fez ou deixou de fazer e por isso sofre de angústia, ou presa no futuro querendo, querendo, querendo e sofrendo de ansiedade. A dramaticidade é uma constante na pessoa de cabeça ruim. Em tudo ela vê algo de negativo. Reclama o tempo todo, vive com medos recorrentes, e se torna alguém com a energia tóxica. Nem precisa dizer que a vida dessa pessoa é um verdadeiro drama. É a lei: acredita, acontece. Quando alguém dramatiza, no fundo está valorizando o drama, está dando importância para o drama, está acreditando no drama e a vida dele se torna um drama. Valorizar ou dar importância é o mesmo que acreditar, pois as atitudes da pessoa seguem suas crenças.

Outra característica de quem não tem uma cabeça boa é a importância que ela dá para a opinião dos outros. Ela abandona sua individualidade em prol da opinião, da crítica alheia. O papel que ela desempenha na sociedade é mais importante que sua individualidade. Trata-se de alguém completamente sem disciplina mental porque é dirigida pelos outros. Seu poder está nas mãos dos outros. É claro que uma pessoa assim, desprovida de poder, jamais será próspera na vida.

O mesmo ocorre com a pessoa que se abandona em função dos outros. Ela tem uma mente completamente indisciplinada que fica ao sabor do controle deles. Como ela se abandona, vai procurar nos outros o que não dá para si, como atenção, carinho, companhia, consideração, apoio, amor. Para os outros ela faz tudo, para si, praticamente nada.

Há uma lei na metafísica segundo a qual a vida nos trata como nós nos tratamos e não como tratamos os outros. Quais as consequências disso para essa pessoa? O que ela deseja, a vida diz não. Quem se abandona é abandonado. Quem não se ama não é amado. Quem se rejeita é rejeitado. Quem não se valoriza é desvalorizado.

Percebi, numa de minhas viagens astrais, como a mente controlada e focada pode criar coisas maravilhosas. Eu estava projetado no meu sítio no Paraná e ao meu lado estava meu guia espiritual aproveitando para me informar sobre viagem astral. Perguntei-lhe se no mundo dele, ou seja, no astral, havia cachorros, porque gosto demais deles. Claro! — respondeu — olha para esse caminho e concentre-se em um cão. Qual não foi minha surpresa e minha alegria ao ver surgir do nada o Barão, um cão que eu adorava e que havia morrido há uns seis meses, vindo ao meu encontro e se levantando como que para me dar um abraço. Nos abraçamos e a emoção foi tão grande que acordei. Muito daquilo que você acha que é sonho, na verdade é projeção astral. Todo mundo se projeta, consciente ou não. Há diversos livros e cursos que ensinam a se projetar conscientemente, como os do Wagner Borges.

O controle mental é fundamental para tudo nesta vida e na vida no astral. O amor, por exemplo, não é uma coisa maravilhosa? Mas, o apaixonado sem disciplina mental, pode fazer de uma relação gostosa e bacana, um verdadeiro inferno. Basta ser dominado pelo ciúme. Quem é dominado pelas emoções, pelo dinheiro, pelos vícios, pela comida, pelo sexo, não tem disciplina mental e tudo isso que podia ser agradável, na dose certa, passa a ser um transtorno na vida da pessoa.

Tudo na vida é neutro. O dinheiro, o amor, o sexo, os vícios, a comida, os filhos, os pais etc.

O que faz bem ou mal é a relação que cada um tem com tudo isso. É como a faca que pode cortar legumes e pode matar alguém. A faca não faz mal nenhum, mas a relação que a pessoa tem com ela pode fazer. Um filho pode ser uma bênção, mas pode ser um transtorno para a família. Já imaginou uma pessoa sem disciplina mental que de repente ganha uma bolada na loteria? O que era para ser sua liberdade vai se tornar uma prisão. Aí ela vai dizer: eu era mais feliz quando era pobre. Não foi o dinheiro que piorou a vida dela, mas a cabeça ruim que ela tem. É preciso ter estrutura para ter as coisas boas.

Uma pessoa que morre sabedora das coisas do astral se dá maravilhosamente bem lá. Ela consegue materializar o que quiser, desde uma comida boa a uma mansão espetacular. Quem tem criatividade e controle mental consegue viver num verdadeiro paraíso. Até a paisagem à sua volta ele cria do seu jeito. Uma vez um espírito disse que há um lugar no astral habitado por arquitetos que constroem suas residências com o poder da mente. Disse que as mansões não têm similares na Terra.

Portanto, dependendo do controle mental, das crenças, da lucidez e do estado emocional que decorre disso, o recém-falecido poderá chegar numa vibração energética tal que vai desde o mais terrível dos umbrais até o mais deslumbrante paraíso.

2
Onde e como é o astral

A segunda coisa que você precisa saber, ou pelo menos ter uma noção mais próxima da realidade é onde e como é o astral. Não pretendo aqui dar uma descrição detalhada de como são os ambientes astrais, mas uma visão geral, mesmo porque precisaria de um livro inteiro para falar sobre cada local, tendo em vista a diversidade desses ambientes. Para isso há livros específicos psicografados que tratam do assunto pormenorizadamente, a exemplo dos livros *A Cidade dos Espíritos*, psicografado por Rosabela Paz, e *O mundo em que eu vivo*, psicografado por Zibia Gasparetto.

O astral está envolto no planeta. Quando Jesus "ressuscitou", diz a Bíblia que ele subiu aos céus. Coloquei ressuscitou entre aspas, porque na verdade não houve ressurreição do corpo físico que havia sido sepultado. O corpo que subiu aos céus foi o corpo astral, como o de qualquer ser humano, que após a morte deixa o corpo físico. O corpo físico de Jesus apodreceu no túmulo como acontece com todos os que morrem.

A expressão "subiu aos céus" é muito apropriada, primeiro porque "subir" é para cima, segundo porque "céus" está no plural. "Há muitas moradas na casa do meu Pai", disse Jesus. Mas, como o astral está envolto no planeta se a gente vê só nuvens, ou o azul do céu, ou os astros? Porque o astral vibra em outra frequência energética não perceptível aos olhos físicos, mas perceptível aos olhos astrais que estão na mesma frequência. Muitos clarividentes veem cenas do astral. Eu tinha uma tia clarividente que às vezes me perguntava o que aquelas pessoas estavam fazendo lá em cima. Eu só via o céu, mas ela descrevia diversas cenas. Os parentes diziam que ela estava vendo coisas, mas eu sabia que o que ela via era real, então eu explicava pra ela.

Há inúmeros níveis ou planos no astral, desde os mais densos, chamados de umbrais, purgatório, ou inferno, como chamam algumas religiões, inclusive uns vibrando no interior da Terra, até os mais sutis. A intensidade do sofrimento dos mortos varia de acordo com a densidade do astral, assim como a intensidade da paz, da alegria, do conforto, da liberdade. Desse modo, os espíritos mais perturbados frequentam os umbrais e os que têm a consciência mais expandida ou mais evoluídos, habitam os mais sutis. É uma espécie de escala. Escala é o mesmo que escada. A Terra onde nós estamos faz parte do umbral, pois aqui ainda há muita dor e sofrimento. Quer dizer que estamos no inferno? Sim. Inferno quer dizer inferior. Uns sofrendo mais, outros menos, de acordo com suas crenças. Há muita gente sofrendo horrores e há muitos vivendo muito bem. O inferno ou o paraíso está no interior de cada um.

Então, não fica todo mundo junto nos três lugares depois que morre? Os bons no céu, os mais ou menos no purgatório e os maus no inferno? Evidentemente que não. Essa é talvez a visão mais equivocada que as pessoas em geral têm sobre os mundos dos mortos. É como aqui. Há pessoas vivendo em lugares péssimos, insalubres, outros em lugares mais ou menos, e outros em lugares ótimos, de acordo com suas conquistas. Os que têm mérito, por exemplo, e uns têm mais que outros, já pensou que absurdo vivendo pela eternidade no mesmo lugar? Aqui, não é assim? Quem tem mais dinheiro vive numa melhor casa, tem um carro melhor e escolhe um lugar melhor. Se depois da morte tudo se iguala, ou no céu, ou no purgatório, ou no inferno, que vantagem tem sobre seu vizinho aquele que trabalhou melhor sua consciência, conquistou mais espaço, teve mais mérito, aprendeu mais sobre a espiritualidade? Isso seria muito injusto. Por outro lado, como pode alguém que cometeu um crime estar no mesmo ambiente que aquele que cometeu cem?

Quando a pessoa morre, não vai encontrar Deus, Jesus, Nossa Senhora, santos ou o demônio, nem anjos tocando harpa, mas uma realidade muito semelhante à que ela vivia na Terra. Em uma das viagens astrais que fiz, meu guia, um jovem de uns vinte e poucos anos, levou-me para o ambiente em que meu pai, que havia falecido há seis meses, vivia. Eu digo "vivia", porque todos continuam vivinhos fazendo coisas normais que faziam aqui. Decididamente, ninguém morre. Somos eternos.

Meu pai sempre foi agricultor e nunca quis morar na cidade. O lugar em que ele estava também era semelhante ao sítio onde morava no Paraná. Nesse dia, como se fosse num domingo daqui, havia muitas pessoas se divertindo, umas jogando bola, outras cartas, outras simplesmente conversando naquele local. Então, meu guia me mostrou, lá no meio de um grupinho de pessoas, meu pai. Tive um impulso de sair correndo, chamá-lo e abraçá-lo, mas o guia me barrou dizendo que ele ainda não podia me ver, pois fazia pouco tempo que havia morrido. Só seria permitido após completar um ano de sua morte. Perguntei-lhe o porquê disso. Ele respondeu que é devido ao fato da pessoa ainda estar mentalmente muito ligada à vida antes de morrer, aos parentes que aqui ficaram, com bastante saudade e se sentir muito emocionado, podendo prejudicar o processo de adaptação na nova realidade. Percebi que ele já estava bastante à vontade. Inclusive o vi rindo.

Após um ano de sua morte, novamente fiz uma projeção consciente, nas mesmas condições da anterior, para o mesmo local, e então meu guia me apresentou ao meu pai. Claro que foi um encontro emocionante. Perguntei a ele o que fazia. Ele me respondeu: faço o que gosto e sei fazer.

Assim, me mostrou sua plantação. Era uma espécie de lavoura de feijão, impecavelmente alinhada, sem uma erva daninha sequer. Perguntei-lhe se ele capinava para deixar sua roça tão limpa. Respondeu-me que não precisava, pois lá não há pragas, nem capim como aqui. Tem, mas nos lugares apropriados, como o capim, por exemplo, para alimentar os animais.

Para que meu pai plantava aquela lavoura? Para alimentar as pessoas de lá, ora. Numa das aulas que tive com o Gasparetto incorporado, perguntei ao Calunga se as pessoas de lá comiam e bebiam como nós. Evidente, respondeu. Comem, bebem, fumam, fazem sexo como aqui. Sexo também? Questionei. Ele respondeu que não há espírito, por mais evoluído que seja, que não faça sexo, a energia divina de criação e criatividade. Nessa hora, todos da sala bateram palmas de alegria, com gritinhos e assobios. O Calunga continuou dizendo que tem orgasmo, claro que o esperma não tem fertilidade, uma vez que não há reprodução, mas o prazer é tão mais intenso, é uma descarga de energia tão prazerosa, que o orgasmo de vocês não passa de um gemidinho. Acrescentou: ainda mais que aqui não precisa usar camisinha e não tem nenhuma espécie de vírus ou qualquer doença sexualmente transmissível... A classe foi ao delírio!

Ele disse que as pessoas de lá, nem todas, comem e bebem, urinam e defecam, devido à necessidade de manter as funções fisiológicas do organismo para evitar problemas de saúde em futura encarnação. As comidas são de origem vegetal, uma vez que os animais não podem ser mortos, pois lá não há como morrer mais. Há muita espécie de frutas, pães, doces, dos mais variados tipos, tão deliciosos que são desconhecidos por nós. O açúcar é muito utilizado porque, como aqui, tem muita energia. Pode-se comer e beber à vontade que não engorda. Nesse momento, a sala de novo se manifestou entusiasmada.

No astral não há necessidade de comer ou beber, mas as pessoas recém-chegadas sempre se alimentam e bebem em função do hábito de quando estavam aqui, ou então, as que estão há muito tempo lá e preferem continuar com os mesmos costumes. Se pintar uma vontade de comer algo que não tem lá, como por exemplo, carne, quem já desenvolveu a habilidade de plasmar conscientemente, consegue materializar o que deseja e se fartar até a vontade passar. Claro que isso não passa de uma fantasia e não há nada no estômago da pessoa.

O Calunga disse que ao chegar ao astral foi frequentar um determinado curso — lá há muito estudo e pesquisa — e percebeu que de vez em quando o professor tirava um cigarro do bolso e fumava. No final da aula perguntou-lhe onde ele conseguia cigarro, pois estava com muita vontade de fumar. O professor disse que mentalizava o cigarro e ele aparecia no bolso. Quem já desenvolveu a habilidade de materializar conscientemente, faz da vida no astral muito divertida. Muitos não conseguem. É como aqui, muitos têm certas habilidades, outros não, como nadar, dirigir, ler, escrever. Uma das habilidades mais fantásticas no astral é saber voar, ou então, viajar pelo pensamento. Já pensou a liberdade dessas pessoas?

Lá tem lojas para as pessoas que ainda não têm a habilidade de plasmar o que querem, então vão comprar. Não tem dinheiro como aqui, mas tem bônus que adquirem com méritos. Com esses bônus também podem ir aos lugares que quiserem ou fazer viagens longas, até para outros planetas. Eu já disse que as pessoas que morrem com o corpo muito debilitado, envelhecido, os olhos astrais começam a ver o mundo astral, inclusive os mortos, como os parentes que ficam ao pé da cama, aguardando seu desligamento do corpo físico, para levá-los a um hospital ou para junto deles. Esses parentes não aparecem pelados. Aparecem vestidos. Onde arrumaram essas roupas? Nas lojas do Brás é que não foi. Não têm a mesma frequência energética, portanto não dá para passar para outro plano. Nas oportunidades em que vi meu guia em viagem astral, ele vestia calça jeans, camiseta e usava tênis.

Alguém perguntou se lá também há animais. Claro, respondeu. Tudo que tem vida tem corpo astral e espírito. Gente, animais, insetos, vegetais. Quando você mata uma barata aí, ela aparece aqui. O corpo físico é moldado pelo corpo astral. Por isso que um é cópia do outro. Os animais predadores quando chegam aqui tornam-se dóceis e vegetarianos, pois não podem comer outro animal, uma vez que aqui não se morre mais. Muitos animais desenvolvem a capacidade de se alimentar através do ar. Tudo isso tem uma organização. Aqui é tudo muito organizado e disciplinado, à exceção de certos lugares do umbral que têm uma organização relativa, onde muitos ficam ao Deus dará.

A densidade do umbral varia de muito denso a menos denso. Há inúmeras cidades no umbral, vibrando acima das cidades daqui. No umbral mais denso, para onde vão os que morrem muito perturbados, há pouca luz ou nenhuma, há muito frio, e há lugares pantanosos. O grau de sofrimento ali é muito intenso. Certa vez fui levado em projeção astral pelo meu guia para o umbral pesado, a título de aprendizado. Quando me vi fora do corpo físico, estava andando ao lado dele por um caminho escuro, clareado apenas por fogueiras que ladeavam o caminho. O guia me disse que naquela noite ia me levar pra aprender como era aquela parte do umbral. Me impressionou bastante ao ver ao lado do caminho uma mulher alta, trajada com um vestido longo marrom, que me pareceu sujo, com um rosto não muito atraente, abanando os braços e pedindo socorro para a gente. O guia me disse para não me impressionar senão eu acordava.

Ao chegar ao local, uma espécie de catacumba, sentamos num degrau acima de uma pequena mesa, onde de um lado havia uma figura demoníaca que torturava com palavras outro sentado do outro lado da mesa. A tortura consistia em cobranças, em culpar o indivíduo pelo que ele tinha feito com o torturador durante a vida aqui na Terra. O torturado gritava pedindo para ele parar, tampava os ouvidos, mas não adiantava. Era uma culpa atrás da outra. Eu fiquei indignado com aquilo e ameacei interromper. Meu guia me deu uma bronca dizendo: não se meta! E desligou meu emocional para que eu não acordasse. Então, passei a presenciar as cenas sem sentir nada. Agora, disse meu guia, vou te ligar, por apenas um segundo para você não acordar, às dores que o torturado está sentindo. Nesse único segundo senti o que realmente é o pior dos infernos. Uma mistura de intensa culpa, remorso, arrependimento, rancor, ódio, solidão, tristeza, revolta, enfim, todos os piores sentimentos de um ser humano a um grau elevadíssimo. O inferno ou o paraíso está dentro de cada um e não num lugar físico.

Como terminou o drama? Quando o torturado estava exaurido de tanto ouvir culpas, o torturador veio com a mais forte de todas. De tanta dor, o torturado desmaiou, porque lá não se morre mais. Então, o torturador se levantou, o arrastou pelos cabelos, levando-o lá para dentro, em outro compartimento.

Tomamos nosso caminho de volta e eu cheio de perguntas que me foram sendo esclarecidas. Ele me disse que o que havíamos presenciado era uma sessão de terapia. Pasmem! O torturador era o guia do torturado. Disse que qualquer esclarecimento através de palavras o torturado não ia assimilar, que isso já foi feito diversas vezes e não adiantou. A única linguagem que ele entendia era a da dor, fazendo-o reviver tudo aquilo, numa espécie de dramatização, seguida de uma catarse. Agora ele vai sair dessa, disse. Todos, por mais precária que seja sua situação, sempre têm ajuda, desde que a pessoa se proponha a recebê-la e sempre terão nova chance. Então, esse negócio de ser condenado eternamente não existe. Um dia todos irão para o paraíso, pois todos são filhos de Deus. O inferno não é eterno, mas o paraíso sim.

Essa é a função da dor, acrescentou, tanto aqui como no seu mundo. Quando a pessoa não consegue assimilar pela inteligência, a vida entra com a dor. Onde há inteligência, lucidez, esclarecimento, não há dor. Pode verificar que em toda área de sua vida em que você não vai bem, existe ignorância. Quanto sofrimento não há na área afetivossexual das pessoas por falta de esclarecimento ou, então, por ignorância. Toda dor provém da ignorância.

A evolução espiritual tanto pode ocorrer pela dor como pela inteligência. Usando a inteligência, a evolução se processa pelo prazer, pela alegria, pela satisfação, pela realização. Ou seja, a pessoa conclui: estou no caminho certo, vou continuar. Pela dor é a mensagem da vida dizendo: muda que a dor passa. Então, ao mudar, a pessoa aprende e evolui pela dor. É a história do golfinho do parque e o leão do circo. Toda vez que o golfinho acerta, recebe um peixe de recompensa. Toda vez que o leão erra leva uma chicotada. No final ambos aprendem. Ah, mas o golfinho quando não acerta não recebe o peixe. Isso não é dor? Brandíssima se comparada a uma chicotada. É simplesmente um "não" da mãe para não mimar o filho. O golfinho sabe que depois do treinamento vai se alimentar muito bem, então ele praticamente não sofre com a falta do peixe.

A dor e o sofrimento não são castigos nem carma, mas um estímulo para pessoa aprender algo melhor para sair da própria dor. Assim, a dor existe, é útil, pois tudo, absolutamente tudo tem um propósito, uma razão, uma utilidade, para sair da própria dor. É o veneno da cobra curando sua picada. O soro antiofídico é feito com o veneno da cobra. Todo problema traz consigo a solução. É só procurar e prestar atenção. Senão, a vida não seria justa.

É muito comum, continuou meu guia, quando uma pessoa é maltratada por outra, a ponto de ser morta por ela, chegando aqui no astral passa a ser o guia espiritual do assassino quando morrer. Primeiro, porque a simples presença do assassinado vai provocar um tremendo impacto psicológico no novo habitante quando este vir que quem ele matou está vivinho ali do seu lado. Então, cheio de medo de vingança cai logo na real e não vai ficar delirando no mundo ilusório que criaria. Segundo, semelhante atrai semelhante e ambos entendem a mesma linguagem. Terceiro, quando o maltratado chega aqui, está em melhor condição psicoespiritual que o assassino. Assim, ele tem melhor assistência, orientação e fica sabendo que tudo ocorreu como deveria ocorrer e que o assassino não tem culpa de seus atos ignorantes, apesar de não saber disso, e deverá sofrer as consequências deles. Depois de certo tempo, em que ambos passam a saber de forma esclarecida sobre certas leis da vida, como é o astral, porque cada um foi parar naquele lugar, os dois se tornam os melhores amigos. A vida sempre ganha.

Um dos ensinamentos mais fantásticos que aprendi com os amigos do astral, através do Gasparetto, foi o conceito de autorresponsabilidade. Cada um, junto com seu espírito, é cem por cento responsável por tudo de bom ou de ruim que acontece em sua vida. A princípio isso me chocou. Mas, aos poucos, fui percebendo a retidão desse conceito. Todos nós somos feitos à imagem e semelhança de Deus, ou seja, todos nós somos divinos. Disse Jesus: "vós sois deuses". O espírito de cada um é dotado de sabedoria infinita já que ele é a ligação com o divino. Cada um sempre existiu e sempre existirá. Somos eternos tanto para frente como para trás. O tempo, como o percebemos, é uma ilusão. A eternidade não é um tempo futuro, mas um *continuum*. Somos atemporais, uma vez que somos eternos.

Dessa forma, somos dotados de poder e potencial infinitos, sendo que uma minúscula parte já está sendo utilizada na existência e quase a totalidade latente, à espera de ser descoberto e utilizado conforme expande a consciência de cada um. Como que um ser divino, com todo esse poder, pode ser considerado vítima?

Nossa existência é um processo contínuo. Não começa com o nascimento e nem termina com a morte. Nosso espírito sempre existiu. No princípio, na latência, e depois começou a se manifestar na existência. Mas, quando começou a se manifestar, a mente do corpo físico era muito ignorante. O esclarecimento, a lucidez veio e está vindo com o tempo. Onde eu e você estávamos no ano 2000 a.C.? Ou aqui na matéria ou no astral. E no ano de 1500 d.C.? Ou aqui na matéria ou no astral. A gente nasce na matéria, morre, vai para o astral, passa certo período lá, que varia para cada um como varia a idade aqui, volta a reencarnar, morre, vai para o astral e o processo continua até a pessoa expandir sua consciência de uma maneira tal que não precisa mais da matéria para evoluir. Então, ela não tem necessidade de encarnar mais. Ela já domina a matéria. O que é dominar a matéria? Nada e ninguém mandam na pessoa. O dinheiro, os outros, o sexo, a paixão, o amor, a comida, os vícios, as ideias, os sentimentos, as emoções, a dor, a falta, o sucesso, tudo ela domina. Tudo ela gerencia. Ela tem tudo isso em abundância, ao seu dispor, pode usufruir de tudo isso, mas é ela que determina: isso eu quero agora, isso eu não quero.

Quando a pessoa toma consciência da autorresponsabilidade, ela começa a usar, a sentir e a desenvolver esse poder infinito que ela tem. Isto é, ela não se acha uma vítima e se não há vítima não há culpado. Ela se torna o agente, o autor. Ela é a criatura e o criador. Ela não responsabiliza ninguém por isso ou por aquilo. Quando responsabilizamos alguém por ter feito algo de ruim conosco, estaremos abrindo mão do nosso poder para o outro.

Você pode questionar como fica se alguém invadir meu espaço, me agredir? Não faço nada, já que sou o responsável? De forma alguma. Se alguém bater-lhe numa face, jamais ofereça a outra. Use todas as armas de que dispuser no momento para se defender ou garantir seus direitos, pois a passividade é um indicativo de fraqueza, de falta de domínio, de ausência de poder. A autorresponsabilidade é uma atitude interior, de você com seu espírito. Depois de passadas as emoções, recolha-se ao seu silêncio interior e se responsabilize pelo ocorrido, liberando o agressor, sem culpá-lo, sem julgá-lo, sem condená-lo, sem manter desejo de vingança. Assim, você não estará abrindo mão de seu poder e vai perceber que toda revolta e raiva se dissiparão. Você não ficará ligado a ele, mesmo que ele fique em você. Outra coisa, quando você sedimentar a crença da autorresponsabilidade, seu espírito fará com que você deixe de atrair para si a agressividade dos outros, pois não terá mais nada a aprender com aquilo, e o exterior é o reflexo do interior.

Outra questão muito recorrente que aparece quando a gente passa a aceitar a autorresponsabilidade é como fica, por exemplo, o caso do assassino que matou um inocente? Se não existe vítima nem culpado, também não existe inocente. Quando a gente taxa alguém de inocente, fatalmente estará culpando alguém. Para as esferas superiores está tudo certo. Elas têm seus propósitos que muitas vezes não compreendemos e não aceitamos. Jesus não disse: "não condeneis para não serdes condenados"? A lei que fizermos para o outro será a lei que nos julgará. É que as pessoas só enxergam o que está se passando no momento e de forma muito superficial. Elas desconhecem o fato de que aí tem todo um passado envolvido. Não necessariamente entre o assassino e o morto, mas cada qual precisando da experiência dolorosa. O acontecimento é apenas o desfecho de algo que vem se desenrolando há muito tempo, até de outras vidas.

Um dia, todos vão saber como sua jornada foi perfeita e justa, porque tudo está registrado nos arquivos acássicos do astral e poderão ser consultados. Os amigos desencarnados dizem que esses registros são muito utilizados nos processos terapêuticos das pessoas que não conseguem se desvencilhar de uma culpa ou de uma revolta. Lá, elas assistem por diversos ângulos à situação, do ponto de vista da própria pessoa, do guia, da lei, da sociedade, então ela sai convicta de que tudo foi perfeito. Dizem, também, que nesse processo a pessoa sempre é acompanhada por psicólogos e utilizam até medicamentos porque, não raro, ela fica abalada psicologicamente por até semanas, mas se cura. Nem todos têm essa oportunidade. Apenas aqueles que têm mérito e condições psicológicas. O mesmo eles fazem com os fatos, principalmente aqueles que mais causaram indignação ao povo e todos percebem como tudo foi perfeito da forma que foi.

Para a vida, a morte e o nascimento são tratados como um fato qualquer, como um casamento, uma formatura, uma viagem, pois em espírito ninguém morre. Todos são eternos, apenas trocam de frequência, isto é, de endereço. A pessoa morre, vai para o astral e depois nasce de novo na matéria. O que importa é a evolução espiritual. Se os espíritos do assassino e do morto sentem que ambos precisam desenvolver algo muito importante, a vida une os dois. Se você verificar, a natureza, que é o próprio Deus, também faz coisas horríveis e muito cruéis. Veja quantas crianças não morrem soterradas num terremoto, ou até queimadas pelas lavas de um vulcão, sem a mínima chance de defesa, e nem por isso as pessoas ficam revoltadas. Ficam chocadas, mas não revoltadas. Deus trata o homem como parte da natureza, faça o que fizer. Ele sabe de tudo o que pode acontecer, nem por isso intervém. A morte não é tida como um mal, mas como uma bênção, seja ela de que espécie for.

Por isso que a reencarnação é uma necessidade e uma demonstração da justiça e da generosidade divinas. Já pensou a pessoa decidir sua eternidade em apenas alguns anos? E aqueles que nascem em condições totalmente adversas, inseridos na pobreza e no crime, seriam menos privilegiados que os que nascem em berço de ouro, com toda a educação e facilidades disponíveis? Não estaria Deus sendo injusto com eles?

A propósito do assunto, no livro *Reencarnação Vinte Casos*, de Ian Stevenson, o autor pôde comprovar a reencarnação através de um trabalho cuidadoso de pesquisa envolvendo crianças de dois a quatro anos de idade, assim que começam a falar com os seus pais ou irmãos de uma vida que levaram em outro tempo e lugar.

No livro *Calunga revela as leis da vida*, de minha autoria em parceria com o Luiz Gasparetto, o Calunga enfatiza que a Lei do crer deixa claro que a crença de uma existência sem reencarnação é um completo equívoco. Se você existe, sabendo que nasceu e sabendo que vai morrer e tendo a consciência da existência das leis da vida, a reencarnação é fatal. Se não considerarmos a reencarnação no processo da vida, como muitos não consideram, achando que a criança que nasceu foi concebida numa relação sexual, ou seja, teve seu início ali, não só é injusto como tudo no universo seria injusto, Deus seria injusto, porque essas leis valem para todo o universo.

> Eu busquei intrepidamente durante meses e anos até encontrar as respostas para o mistério da vida e da morte, e para saber se as almas reencarnam ou não. Para vocês, isto é somente um pensamento, uma simples crença, porque não têm provas. Mas eu não estou lhes falando de meras crenças. Eu encontrei provas de vida depois da morte e de reencarnação. Portanto, posso falar com verdade porque aquilo que digo para vocês, eu o experimentei.
>
> *Yogananda*

Quando uma pessoa muito ignorante pratica atos violentos, na próxima vida virá com um novo cérebro que não se lembrará de quem foi e do que fez no passado, o que facilitará tremendamente seu processo evolutivo. Porém, não estará livre das consequências de seus atos. O assassino, por exemplo, levará em sua memória celular o fato traumático, muita culpa e se não resolver no astral, isso resultará, na encarnação seguinte, em experiências dolorosas. Não é um castigo divino, como muitos dizem, e nem resgate de carma, mas o fato de ser responsável pelo que fez. O poder está com ele mesmo sem saber disso. Tudo, absolutamente tudo o que acontece de bom ou de ruim, é de responsabilidade da pessoa. Por isso, algumas crianças já nascem com problemas de saúde ou contraem doenças graves.

Existem pessoas passando por determinadas experiências, por mais desagradáveis e dolorosas que sejam, para desenvolverem certos atributos, certas virtudes, determinadas faculdades, habilidades que seus espíritos querem desenvolver ali, e assim expandirem cada vez mais a consciência. Sentir isso é sentir compaixão pela pessoa. Quanto mais expandida estiver a consciência, mais liberdade e mais poder e domínio a pessoa experimenta, pois se encontra mais em contato com o divino.

Portanto, não tem vítima, não tem réu, não tem juiz, não tem inocente, não tem pobrezinho, coitado. Assim, pena, piedade e dó são pura bobagem, pois quando a gente tem esse tipo de sentimento, está sendo prepotente, querendo corrigir Deus, achando que Ele errou com aquela pessoa. A gente precisa trocar esses tipos de sentimentos pela compaixão.

Ao voltarmos pelo mesmo caminho, vi novamente aquela mulher gritando por socorro perto de uma fogueira. Meu guia aproveitou para explicar que aquelas fogueiras são propositadamente acesas pra queimar energias pesadas e larvas astrais. Daí a existência da forma equivocada de dizer que o inferno é de fogo. Os clarividentes, desde os tempos bíblicos, viam esses locais terríveis com fogo e gente gritando por socorro, então diziam que o inferno era de fogo. Como, para lá vão pessoas muito perturbadas mentalmente, suas feições se tornam horríveis, deformadas, demoníacas. Ao verem tudo isso, os clarividentes diziam o inferno é assim, assim, e o diabo é assim, assim.

Ao chegarmos ao ponto em que iniciamos nossa caminhada, acordei. Que maravilha! Que viagem fantástica! Qual não foi minha alegria por ter tido uma aula prática e tão elucidativa. Não consegui mais pegar no sono até a hora de me levantar para ir para o trabalho.

As colônias ou cidades astrais são ambientes do astral médio, menos densos que o umbral, localizadas acima desse, mas que a dor ainda faz parte do processo evolutivo das pessoas. São lugares muito semelhantes aos da Terra com casas, construções, jardins, rios etc. Há inúmeras dessas cidades astrais onde espíritos afins, de um nível de evolução bastante próximo, habitam e se organizam em sociedade. Há ali trabalhos das mais variadas espécies, estudos, artes, de acordo com a finalidade de cada cidade.

Para lá vão as pessoas que morrem não tão perturbadas como as que frequentam o umbral, mas que ainda têm a dor como um dos estímulos para sua evolução espiritual. O filme *Nosso Lar* retrata em detalhes como foi a vida do personagem principal, no caso André Luiz, após a morte, sua passagem pelo umbral e depois sua vida numa dessas colônias. Esse filme é baseado no livro homônimo, psicografado por Chico Xavier, sob a orientação do próprio André Luiz.

Muitos espíritos que frequentam essas cidades, ao saberem que algum parente está próximo da morte, vêm até seu leito aguardando o desencarne para levá-lo para o local onde moram. Fazem isso, primeiro porque querem o parente junto com eles, segundo, pra evitar que o recém-desencarnado vá para o umbral devido à densidade de suas crenças, ou ser levado para lá por espíritos que vibram no próprio umbral. Porém, se o nível da densidade mental for muito alto, nem os parentes conseguem evitar, pois as ilusões e fantasias mentais são tais que não conseguem perceber quem está ao seu lado.

Você pode perguntar para qualquer pessoa que acompanhou alguém no leito de morte, cujo corpo físico foi perdendo a energia e a vitalidade gradativamente, ou seja, foi se definhando, como um idoso, por exemplo, se não ouviu dizer que ele viu algum parente ou conhecido morto nos pés da cama? Meu pai perguntava o que estavam fazendo aí minha mãe e um primo dele que haviam morrido. Tenho vários exemplos desse fato na família. Isso é uma prova de que a vida continua após a morte. Os vivos acham que a pessoa está variando, mas está muito lúcida. Isso acontece porque os olhos físicos vão perdendo sua função à medida que o corpo definha, e surgindo novamente os olhos astrais, novinhos em folha, fechados lá na infância, porque agora voltam a ter utilidade.

O astral superior é talvez o ambiente que se afigura ao paraíso, ou céu de que falam as religiões, não no seu aspecto físico, mas na qualidade de vida após a morte. Nessa faixa vibram os espíritos evoluídos, que não dependem mais da matéria nem da dor no seu processo evolutivo. No universo nada é constante. Tudo evolui, inclusive nesses ambientes mais sutis. Dizem, os amigos do astral, que nesse ambiente a paisagem é paradisíaca, com jardins e casas sem similares na Terra.

Sobre consciências mais evoluídas, como Jesus, Buda, Confúcio, não me atrevo a falar, pois nem da forma física humana necessitam, a menos que queiram.

Quem determina se a pessoa vai para o astral inferior, médio ou superior quando morre? Ela mesma. Depende da vibração energética de sua mente. Quanto mais pesada, mais afunda, quando mais leve mais se eleva. Esse é o papel das religiões: deixar as pessoas mais leves, ensinando a praticar o perdão, a compaixão, o amor, o desapego para torná-las mais leves e ter uma vida melhor, tanto aqui como depois da morte, e não interferir na vida sexual, social, econômica e política delas.

3
O que conta mesmo é o bem que você faz pra si

A terceira coisa que é bom saber antes de morrer, é que o que mais conta é o bem que a gente faz pra si e não para os outros. Há uma visão bastante equivocada com respeito àquelas pessoas que se sacrificam pelo próximo, em casos extremos até sacrificando a própria vida, segundo a qual, depois que morrem, vão para o céu e, dependendo do sacrifício, sequer passam pelo purgatório. Primeiro, que o céu não é como geralmente pintam as religiões. Segundo, como foi visto, a pessoa leva para o astral apenas as crenças e atitudes. Digo atitudes porque por trás de uma atitude sempre há uma crença. Quem se sacrifica pelo próximo acredita que o sacrifício é bom. É com essa bagagem que ela chega lá. Ora, no céu, ou paraíso, não há dor nem sacrifício. Assim, ela vai vibrar num astral denso.

Se a pessoa acha que Deus está vendo ou alguém no astral está contabilizando o que de bom fez aos outros na vida, vai ter uma grande decepção ao chegar lá, porque isso não conta. Aí, vem a revolta e a coisa piora substancialmente, principalmente ao saber que as pessoas que não estavam nem aí para os outros, que estavam de bem com a vida antes de morrer, estão em um lugar melhor que ela. Os valores estão completamente invertidos. Se é sacrifício não é o bem, é dor e dor é um mal. Quem acredita no sacrifício, colhe sacrifício aqui e no astral. Quem acredita na alegria colhe alegria. Todavia, como tudo está certo, a pessoa que age dessa maneira crê que está fazendo seu melhor. E está. Se não fizer, seu sofrimento será maior.

Agora, se a pessoa ajuda porque gosta, sente satisfação pelo que faz, aí é outra coisa. Conta e muito, porque ela está fazendo um bem para si. Quando a pessoa tira de si para dar ao outro, está dando um recado para a vida: tira de mim, porque a vida nos trata como nós nos tratamos e não como tratamos os outros. Fomos educados a fazer o bem, a servir, a não incomodar os outros, não importa o preço a ser pago. Se não agirmos assim, somos taxados de mal-educados, de egoístas. Ou seja, fomos ensinados a desempenhar papéis para nos darmos bem socialmente. É exatamente agindo assim que estamos alimentando nosso ego e incrementando a vaidade atrás do apoio, do aplauso, da consideração dos outros.

    A morte não muda nada. O que conta são as crenças, atitudes e valores que a pessoa cultiva. No astral continua como aqui. Não tem ninguém olhando, contabilizando o que cada um faz. Deus não faz nada a prazo. Se você ajuda porque gosta, ótimo, a recompensa já está sendo dada, por se sentir bem e realizado. A preocupação e o sacrifício pelo próximo não contam nada. O que conta é o que a gente faz para a gente. Para a vida não interessa sacrificar alguém para o outro ganhar, pois ela tem para todo mundo. Se a pessoa se sacrificava aqui pelos outros, chegando lá vai continuar se sacrificando pelos outros, pois as crenças e atitudes dela continuam as mesmas. Enquanto ela não mudar, sua realidade não muda, pois tanto lá como aqui, a qualidade de nossa realidade depende de nossas crenças e atitudes. Quem era alegre, festivo, espirituoso aqui, continuará assim lá.

Você sabe a diferença entre o bonzinho e o bondoso? Pois é. Eles andam em caminhos opostos. Os conceitos de bondade, amor, generosidade, estão completamente invertidos para o bonzinho. Embora ele tenha uma dose de certeza de que dessa maneira vai se dar bem, nessa vida ou após a morte por uma compensação divina, vive em constante insegurança. Como ele não se aprova, não se considera, não se ama, não se apoia, não se reconhece, procura tudo isso nos outros através de suas ações. Então, vai praticar o jogo da manipulação, da sedução. O sim para os outros é uma constante em sua vida, não se importando se representa um não para si. Ele tira de si para dar aos outros em troca de algo que julga não ter em si. Trata-se de uma pessoa totalmente dependente, de baixa autoestima. O bonzinho lhe prende e lhe controla. Caracteriza-se por cultivar um padrão de energia muito denso, ou seja, é uma pessoa tóxica. Como não tem energia para se nutrir, vai vampirizá-la dos outros. Sua presença logo incomoda os próximos. Se você lhe disser não, provavelmente vai virar a cara, emburrar-se e fazer com que você se culpe por negar algo a quem tanto preza. Faz o papel de vítima o tempo todo para prender sua atenção. O bonzinho é um poço de dó, piedade, pena, culpas, orgulho e vaidade, exatamente o contrário do que faz o bondoso, que tem claro para si o que é o verdadeiro amor, a verdadeira ajuda, a verdadeira humildade.

O bondoso faz porque gosta de fazer. Não espera nada em troca. Independe de sua atenção, de seu apoio, de sua consideração, de seu amor, pois tem seus próprios. O bondoso se sustenta. Dá e muitas vezes nem se lembra de que deu. Trata-se de uma pessoa de energia nutritiva cujo convívio é agradável, porquanto desejado. O bondoso gosta de seu aplauso, de seu apoio, de sua consideração, de seu reconhecimento, mas não depende deles. Tem sua autoestima sempre alta. Diz não e sim quando precisa, desde que não tenha que tirar de si. Do ponto de vista invertido e caótico do bonzinho, o bondoso é um egoísta. Do ponto de vista organizado do bondoso, o bonzinho está fazendo o que sabe no momento e não é mais nem menos que ele, apenas diferente. O bondoso é um poço de compaixão.

Você gosta de ajudar as pessoas? Ajudar o outro é uma das coisas mais realizadoras que existe.

Mas, tem uma ciência para uma ajuda ser verdadeira, senão você acaba atrapalhando a vida da pessoa e a sua. Antes de tudo, ajudar não é assumir o outro, ou seja, eu te ajudo, mas não te carrego. Segundo, a pessoa precisa querer sua ajuda, pedir sua ajuda, senão é intromissão. É se meter onde não é chamado e, ainda, corre o risco de levar um sonoro não. Terceiro, é preciso ter vontade de ajudar. Quarto, dar o que a pessoa pede. Se alguém pedir pinga, dê pinga e não um sermão. Nesse caso você tem a alternativa de simplesmente dizer não. Quinto, não se sacrificar pelo outro, porque seu espírito entende que, quando você tira de si e dá para o outro ele lhe obedece e faz a vida tirar de si, pois a vida nos trata como nós nos tratamos e não como tratamos os outros. Ajudar é bom, mas as duas partes precisam ganhar. Se uma das partes perde, já não interessa pra vida. A ajuda é boa quando se tem vontade de ajudar. Sexto, dar se estiver sobrando. Da mesma forma, não se pode tirar de si para dar ao outro.

Ajudar no interesse do aplauso, da consideração ou na intenção de que vai ganhar o céu porque Deus está vendo, além de ser uma grande ilusão, é puro orgulho e vaidade. Sétimo, não se pode ajudar por pena, piedade ou dó. É preciso ter consciência de que a pessoa, por mais necessitada que esteja, tem um espírito divino consigo que tem todas as soluções e que Deus não errou com ela. Se ela está passando por aquela situação é porque seu espírito assim deseja, para desenvolver aí alguma virtude, faculdade, habilidade. Isso se chama compaixão. Jamais tenha pena ou dó de alguém. É pretensão, achando que Deus errou com essa pessoa e, por outro lado, está tirando a lição de casa dela, alimentando o mimo, a preguiça e a falta de iniciativa. Todo mundo tem o mesmo potencial. Nesse aspecto ninguém é mais nem menos que ninguém, apenas alguns o desenvolvem mais que outros.

 Outra crença bastante comum é aquela tida como santa a pessoa que vive rezando e que terá a devida recompensa após a morte. Não é bem assim. Não adianta nada rezar e pedir a Deus isso, aquilo, se a pessoa não fizer sua parte que é se valorizar, acreditar em si, no seu espírito, ter posse de si, ou seja, dizer não quando necessário, não ser dependente do olhar dos outros, do apoio dos outros, da consideração dos outros, do aplauso dos outros, da aprovação do mundo.

Isso é vaidade, egoísmo, orgulho que sufoca completamente qualquer intenção através de uma reza. Depois, ficar rezando como papagaio uma oração inventada pelos outros, sem a devida elevação, compenetração, atenção, é pura perda de tempo. É o que mais se vê por aí.

Para se ter as coisas, a melhor oração é a afirmação com convicção, de preferência aquela que a própria pessoa inventa. Em vez de rezar ou pedir, afirme, uma vez que você, como tudo, é a extensão de Deus. Quanto mais convicção e mais fé tiver na sua afirmação, mais seu espírito, que é o detentor da sabedoria divina em você, se propõe a materializar o que necessita. Invente sua própria oração como essas, por exemplo: pelo poder divino em mim, eu declaro que sou saudável; a vida é segura; a vida é uma bênção; eu sou próspero; eu só atraio pessoas boas; eu sou divino, por isso tudo que faço ou não faço é perfeito etc. Ao agir assim, você estará sensibilizando seu subconsciente que é a parte do espírito responsável pela materialização de suas vontades. Sua vontade é a voz do espírito dizendo: é por aí. Em outras palavras, sua vontade é a vontade do espírito.

4
Céu e inferno, Deus e Diabo

A quarta coisa que você precisa saber antes de morrer diz respeito aos conceitos de céu, inferno, Deus e Diabo. Não há nada mais equivocado que o conceito de paraíso, ou céu, da forma como nos foi ensinado, com paisagens e locais belíssimos, com os bem-aventurados andando pra lá e pra cá, conversando sem fazer nada ou, então, junto com Deus, Jesus, Nossa Senhora, santos, anjos e nuvens, não sei fazendo o quê. Já pensou que chatice? Pela eternidade? Deus que me defenda! Não daria uma semana e todos morreriam de tédio. Pior que não dá mais para morrer. Tal infortúnio não seria diferente para aqueles destinados ao inferno, inferno esse também totalmente fantasioso, tendo o Diabo como chefe absoluto, sempre empunhando seu temível tridente pra cutucar os desobedientes, como foi dito na introdução. Credo!

Sempre tive comigo que no paraíso havia poucos privilegiados, os justos, com milhares de metros quadrados *per capita*, de lugares paradisíacos disponíveis para desfrutar, enquanto o inferno era apinhado de pessoas desgraçadas, grudadas, suadas, nuas, se empurrando, se ardendo pelas labaredas sem, no entanto, se queimarem, aos gritos e o Diabo, com seu tridente, querendo pôr ordem na casa da qual ninguém conseguia sair pela eternidade.

No meu pensamento infantil eram milhares, mas a prevalecer tal despropósito, serão bilhões por ocasião do juízo final, pois convenhamos, os justos estão longe de serem a maioria. Como é que o infeliz Diabo vai dar conta de tantas almas? Segundo este ponto de vista, Deus vai perder o campeonato para o desobediente Lúcifer. Fico imaginando o demônio, se tiver um raro momento de folga, zoando com Deus, como fazem os torcedores de futebol quando seu time vence, tipo, "Você criou tanta gente e agora tenho mais que Você!" E, às gargalhadas características, "quem ri por último, ri melhor!" Pior é que não haverá outro campeonato pela eternidade, já que Deus deixou isso muito claro nos estatutos celestiais.

Se há algo mais terrível que o suposto juízo final eu desconheço. O horror do malfadado apocalipse não passaria de um filme infantil ante o pavoroso episódio. Dá para imaginar tamanho descalabro? Jesus, junto com o Pai, infinitamente bondosos, tendo à sua direita a minoria dos justos, pulando de alegria, bem maior que a da conquista da copa do mundo e, à esquerda, bilhões e bilhões de infaustos (haja espaço para reunir tanta gente), todos em estado de choque, ouvindo catatônicos o veredicto final: "Apartai-vos de mim, malditos, para o fogo eterno, preparado para o Diabo e seus anjos" (Mt. 25.41). Dirá, também aos eufóricos da direita: "Vinde, benditos de meu Pai, tomai posse do Reino que vos está preparado desde a criação do mundo". (Mt. 25.34).

Não, nem todos os da direita estariam pulando de alegria. Muitas, mas muitas mães mesmo, bilhões delas não estariam, porque teriam seu filho, ou filhos, do outro lado, pela eternidade e vice-versa, sem direito à visita, pois pelo que me consta, isso também não está previsto nos estatutos celestiais.

Estou tratando o assunto propositadamente de maneira jocosa, mas é triste saber que, em pleno século 21, há religiões com milhões e milhões de seguidores que ainda pregam e defendem ideias tão absurdas.

Isso não pode ser trabalho de um Deus que dizem ser infinitamente justo e bondoso, de sabedoria infinita, onisciente, onipresente e onipotente, não acha? Aliás, o Deus verdadeiro não deve estar nada satisfeito com tamanha afronta, pois trata-se de uma imagem que O torna pequeno, medíocre, ignorante, injusto, cruel, prepotente e contraditório. Se Ele é onisciente, sabedor do passado, do presente e do futuro, sabe muito bem os filhos que vai criar, os desafios que vão enfrentar e seus fracassos, fracassos esses de toda espécie possível e imaginável. É muita insensatez imaginar que esse Deus condenaria alguém pela eternidade. Pensando bem, o Deus verdadeiro, sendo infinitamente bondoso e justo, não está nem aí pra toda essa ignorância, pois a ignorância faz parte dos Seus propósitos. A lucidez só é perceptível devido à ignorância.

Tenho minhas sérias dúvidas se Jesus, em sua sabedoria, disse isso realmente. Nesses dois mil anos, principalmente nos primórdios do Cristianismo e na Idade Média, a Idade das Trevas, tanta coisa foi manipulada, desvirtuada para atender conveniências religiosas. Se fatos tão recentes estão cheios de mitos e inverdades, como a história de Tiradentes, que aconteceu quando a escrita já era bastante disseminada, imagina um acontecimento ocorrido com tantos ensinamentos, quando praticamente tudo era passado de boca em boca? Os evangelhos foram escritos somente após o ano 65, ou seja, mais de trinta anos após a morte de Cristo. Ademais, as traduções nunca conseguem reproduzir exatamente a versão original, mormente de uma língua tão diferente como o aramaico, a língua que Jesus falava, com expressões muito peculiares. Soma-se a isso o fato da Bíblia até chegar às línguas modernas passou pelo grego e pelo latim. Muita coisa se perdeu ou foi mal interpretada nessa trajetória.

Quem está nas trevas, ou seja, na ignorância, está na dor. Obviamente existem vários graus de dor. Desde a mais branda, que pouco incomoda, até a mais intensa, emocional ou física, atingindo níveis insuportáveis. É o que comumente se conhece por inferno. A palavra inferno significa inferior, característica da terceira dimensão, a dimensão densa, na qual estamos vibrando. Tal como aqui, o inferno existe no astral, também conhecido como umbral, pois a parte densa do astral, da mesma forma está na frequência tridimensional. O inferno e o paraíso são estados em que a pessoa se encontra, caótica ou organizada, com ou sem a alma.

Todavia, o caos, as trevas têm uma função divina, pois representam o estímulo para despertamos as qualidades do espírito em nós, para fixarmos a presença da alma em nós, quando não sabemos usar a inteligência. Sem o caos não haveria organização. Sem o caos não haveria o processo da lucidez, do discernimento, muito menos da expansão da consciência. O caos é parte da perfeição divina, na medida em que serve de estímulo para o surgimento de uma série de coisas boas, como o aprendizado, o conhecimento, o desenvolvimento de virtudes, o domínio, o poder, a liberdade, a realização, a expansão da consciência.

Hoje entendo que o Diabo ou os demônios, tão comumente propagados pelas religiões, nada mais são que pessoas em estados temporários e que se demoram na experiência da violência, do caos, das trevas, mas, que são todos seres passando por um processo e que se regenerarão no *continuum* de suas existências. Aliás, muito provavelmente todos nós já estivemos nesse estado, vibrando nessa frequência, pois se percebemos hoje que nossa consciência está mais expandida que no passado, quer dizer que em algum instante desse *continuum* estávamos mergulhados na ignorância, no caos, nas trevas. Foi dessa forma que os cientistas descobriram o *big bang*: se o universo está em expansão, significa que um dia ele estava reduzido ao infinitamente concentrado e, nos primeiros milhões de anos após a explosão tudo era um completo caos. Cada um de nós é uma cópia do universo.

Embora o Diabo como nos foi pintado não exista, quando eu olho para mim, para você e para os outros, percebo que nós temos ainda um lado demoníaco, mostrando bem claro que é apenas um estado que vamos superar, e que ainda estamos superando. Todos nós temos esse lado, que são forças que ainda não sabemos usar com lucidez. Quero dizer que o Diabo, ou meu lado ignorante, sempre esteve comigo. Porém, um dia tive que encará-lo.

O estado diabólico não é uma característica de desencarnados. Quando temos inveja, desejos de vingança, culpas, arrependimentos, raiva desgovernada, remorsos, estamos sintonizados na frequência do diabólico. Certo é que todos nós teremos, mais cedo ou mais tarde, que confrontar esse nosso lado atrasado, ignorante, nosso lado preso a valores ainda distorcidos, caóticos que fazem tanto mal a nós e aos outros.

Quem é Lúcifer? Lúcifer é um anjo muito sábio, poderoso e muito bondoso. Ele trabalha com as trevas pra gente sair das trevas. É um grande amigo. A figura dele foi desvirtuada e tida como diabólica, e as pessoas acreditam como se fosse algo do mal, o demônio. O Diabo como é propalado, sendo um concorrente de Deus, não existe. É pura invenção das religiões, e muitas aproveitam esse fato para intimidar seus fiéis e assim mantê-los sob seu domínio. Quem não tem medo não é dominado, não precisa de pastor. Lúcifer é a outra face de Deus. Ele lida com as trevas pra que enxerguemos a luz. Trevas é ignorância e para sair da ignorância, só com o sofrimento. O sofrimento e a dor são estímulos para a pessoa sair da própria ignorância. Acabou a ignorância, acabou a dor. Onde há lucidez não há dor. Esse é o trabalho de Lúcifer: estimular a pessoa a sair da ignorância através da dor, já que a pessoa ainda não consegue sair desse estado pela inteligência.

As pessoas tidas como más, como os assassinos que matam e praticam crimes chamados hediondos, estão temporariamente mergulhados nas trevas mentais. Do ponto de vista da espiritualidade não há pessoas más, mas pessoas que fazem o que é possível fazer dentro do grau de consciência delas. A vida, como é infinitamente sábia, une o "malfeitor" e a "vítima", pois ambos têm algo a aprender com a experiência. Não há vítimas, mas pessoas que se abandonam e têm o seu poder com os outros, por isso são domináveis.

Cada um é cem por cento responsável, junto com seu espírito, pelo que de bom ou de ruim acontece em sua vida, seja adulto ou criança porque o espírito não tem idade. Além disso, lembre-se de que a criança já foi adulta no passado e tem crenças atrasadas que vieram consigo. Para a vida, a morte não significa nada, pois ela é um processo contínuo, já que todos, em espírito são eternos. Morrem hoje e nascem amanhã. Tudo é experiência válida. Cada qual atrai pra si as experiências de que precisa, a mando do espírito, para expandir a consciência. A vida não cobra nada de ninguém, porque ela entende que tudo é válido, tudo é experiência. Quem cobra é a própria pessoa, na sua ignorância, porque assim aprendeu e assim acredita. Ninguém deve nada para ninguém, a não ser que assim acredite. E quem acredita que deve, seu espírito entende que quem deve precisa pagar, então ela vai precisar pagar de alguma forma.

Tudo está na mente da pessoa. Quem não tiver culpa de nada, não sofrerá nenhuma retaliação. É como o soldado que foi para a guerra, matou sem culpa e voltou como um herói. Ora, matar é tirar a vida, não importa se na guerra ou numa esquina da cidade. Está tudo certo. Se as experiências dolorosas não fossem válidas e fossem injustas, a vida, ou o Criador, não permitiria acontecer. Aliás, Ele, através da natureza, também mata e destrói a todo o instante, inclusive crianças, como num terremoto. O homem, seja em que grau de evolução estiver, também pertence à natureza.

O céu que as religiões ensinam existe? Existe, mas não como descrevem, com anjos, santos, Nossa Senhora, Jesus na presença de Deus. Deus permeia tudo, inclusive o umbral, pois como ensinam as próprias religiões, Deus está no céu, na terra e em toda parte. O céu seria o astral superior, onde vibram os espíritos que já dominam a matéria e não necessitam mais da dor e do sofrimento no seu processo de evolução. No universo nada é constante. Tudo evolui, inclusive nesses ambientes mais sutis.

O umbral é a parte mais densa do astral, também chamado astral inferior, purgatório, ou ainda, inferno. Inferno vem da palavra inferior. O umbral se forma do reflexo dos pensamentos e atitudes negativas das pessoas. Essas pessoas já cultivavam antes de morrer esses pensamentos e essas atitudes, como, por exemplo, desejo de vingança, culpas muito grandes, remorsos, mágoas, rancores, ódios muito intensos. Na verdade, antes de morrer essas pessoas já estavam vivendo no umbral, pois têm uma vida muito atribulada. Nunca ouviu a expressão: a vida dessa pessoa é um verdadeiro inferno? A densidade desses pensamentos faz com que as pessoas vibrem num ambiente denso, de sofrimentos. Se a pessoa sentir que necessita de ajuda, a ajuda virá. Sempre, sempre existe ajuda, tanto aqui como no umbral. Basta a pessoa mostrar-se interessada para tanto.

Veja a nova visão de umbral passada pelo Cachoeira, através do médium Helton Villani, no último capítulo do livro.

Agora, vou fazer um pequeno intervalo para que você tenha um minuto de distração, como se fosse sair para o recreio, embora o tema da poesia não fuja da matéria ora tratada.

Paraíso escondido

Atrás do tal paraíso,
Só Deus sabe quanto andei,
Quanta estrada percorri,
Quanta poeira sacudi,
Quantos rios já chorei.

Atrás do tal paraíso,
Quantas vidas abortei,
Quantas vidas já morri,
Quantas mortes já vivi,
Quantas mortes já chorei.

Atrás do tal paraíso,
Quantos cascalhos quebrei,
Quantas depressões senti,
Quantas montanhas subi,
Quanta alegria usei.

Atrás do tal paraíso,
Quanta vergonha passei,
Quanto luxo eu vesti,
Quantas derrotas sofri,
Quanta mágoa acumulei.

Atrás do tal paraíso,
Quantas vezes eu parti,
Quantos me abandonaram,
Quantas feridas sangraram,
Quanta droga consumi.

Atrás do tal paraíso,
Quanta fama procurei,
Quanta lama removi,
Quanta grana possuí,
Quanto sexo pratiquei.

Atrás do tal paraíso,
Quantas vezes naufraguei,
Quantas pedras esculpi,
Quantos punhais atraí,
Quanto fogo apaguei.

Atrás do tal paraíso,
Quanta raiva já passei,
Quantos sapos engoli,
Quantos diabos assumi,
Quantos anjos expulsei.

Atrás do tal paraíso,
Quantos vômitos lavei,
Quanta ilusão vivi,
Quanta frustração senti,
Quanta merda já limpei.

Atrás do tal paraíso,
Quantos livros devorei,
Quanta matéria aprendi,
Quantos mestres admiti,
Quântica Física estudei.

Atrás do tal paraíso,
Quantas festas festejei,
Quanto inferno me queimou,
Quanto inverno me assolou,
Quantas preces já orei.

Atrás do tal paraíso,
Quantas pessoas amei,
Quantos pais e mães me amaram,
Quantos filhos me adotaram,
Quantos sexos já troquei.

Atrás do tal paraíso,
Quantas cores vislumbrei,
Quantos amores perdi,
Quantas dores já curti,
Quantas flores já cheirei.

Atrás do tal paraíso,
Quantas caras eu quebrei,
Quanta chuva me animou,
Quanto sol não clareou,
Quantas latas já chutei.

Atrás do tal paraíso,
Quanto ciúme me doeu,
Quantas culpas me arderam,
Quantas tardes me prenderam,
Quanta confiança morreu.

Atrás do tal paraíso,
Quantos encontros abracei,
Quantos amigos já partiram,
Quantas saudades me feriram,
Quantas vontades já passei.

Atrás do tal paraíso,
Quantas religiões segui,
Quantas questões questionei,
Quantas mentiras contei,
Quanta dignidade perdi.

Atrás do tal paraíso,
Quanta gente encontrei,
Quanta solidão senti,
Quanta música ouvi,
Quanta canção não escutei.

Atrás do tal paraíso,
Quantas crenças já mudei,
Quantas luzes me ofuscaram,
Quantas trevas me ensinaram,
Quantos cartuchos queimei.

Atrás do tal paraíso,
Quantas estações passei,
Quantos verões me vesti,
Quantas segundas sorri,
Quantos domingos chorei.

Atrás do tal paraíso,
Quanta gente ajudei,
Quanta esmola concedi,
Quantas vezes já bati,
Quantas vezes apanhei.

Atrás do tal paraíso,
Quanta estrela descobri,
Quantas naves me levaram,
Quantos planetas me abrigaram,
Quantas formas já vesti.

E pensar que tão longe andei,
E pensar que tanta coisa fiz,
E o paraíso nunca encontrei,
Nunca fui realmente feliz.

Procurei longe de minha casa,
Sem saber que enquanto andava,
Tão pertinho se encontrava,
O paraíso que sempre quis.
O paraíso andava comigo,
Pra cima do meu umbigo,
Pra baixo do meu nariz.

Só encontrei o portal,
Quanto senti que uma tal
Perfeição de que Eva me disse,
Por mais que eu não admitisse,
Comigo sempre andou.
Esteve em tudo que fiz,
Esteve em tudo o que quis,
Foi Deus que me acompanhou.

E pensar que nunca, jamais errei,
Que apenas fiz aquilo que sabia,
Que minha alma escolheu o que passei,
Que as culpas foram pura fantasia.

E por onde quer que eu andava,
E por mais que me esforçava,
Sempre andava contra mim.
Quando vi a perfeição
Por trás de toda ilusão,
Vi que estava à minha mão,
E o portal achei, enfim.

E ante alguns segundos sentidos,
No portal do paraíso,
A mais desgraçada cena
Pareceu valer a pena,
Pareceu não existido.

E ante alguns segundos sentidos,
Tudo o que foi dolorido,
O mais tenebroso umbral
Revelou-se superficial,
Pareceu não existido.

E ante alguns segundos sentidos,
Os éons de tempo vividos
Não passaram de um segundo,
E o caos de todo mundo
Foi totalmente esquecido.

E o paraíso descoberto
— Meu Deus como estava perto! —
Eva acertou em cheio.
Não é pra ser conquistado,
Mas é para ser achado.
Está dentro do meu seio.[1]

---

1 - do livro *Paraíso Escondido*, Lúcio Morigi, publicado pelo Clube de Autores.

5
Obsessão, encosto, possessão

A quinta coisa que você precisa saber antes de morrer, refere-se ao que comumente é chamado de obsessão ou encosto ou, ainda, possessão. É outro equívoco gigantesco achar que o demônio se apossa da pessoa. Para começar, como foi dito, o demônio, como concorrente de Deus, é uma das maiores fantasias que as religiões ocidentais cultivam. Trata-se de um trunfo poderosíssimo, já que o medo, muitas vezes, segura mais que o amor. Aliás, o amor só libera. A regra é simples: eu invento o pecado, a culpa e o demônio e ensino como se safar deles, ou seja, eu tenho a salvação. Ninguém precisa se salvar de nada, porque ninguém está perdido. Está onde pode estar com o grau de conhecimento momentâneo que possui. Ninguém vai ser condenado pela vida eterna. Por maior que seja a ignorância, a ponto de se praticar crimes hediondos, o autor sempre terá nova chance para se esclarecer e sair das trevas. Daí a infinita bondade e generosidade divinas. Por isso que a reencarnação é uma das maiores provas dessa generosidade divina.

As religiões que insistirem no pecado, nas culpas, no medo, no demônio e no castigo divino, ou seja, através da intimidação, estão com os dias contados. Sobreviverão as que investirem apenas no amor, na compaixão e num Pai realmente justo e de infinita bondade e generosidade, que trata todos seus filhos, sem exceção, como um aprendiz, tenha feito o que tenha. Aliás, isso já está acontecendo. Imagina se daqui a cinquenta anos essas ideias tão arcaicas vão convencer essas crianças que nascem cada vez mais inteligentes e mais espertas!

Se o demônio não existe, o exorcismo não faz o menor sentido, já que este se caracteriza por expulsar demônios das pessoas: "... ritual executado por uma pessoa devidamente autorizada para expulsar espíritos malignos (ou demônios) de outra pessoa que está num estado de possessão demoníaca". (Wikipédia). O que existe é a desobsessão.

A obsessão ou encosto, nada mais é que uma pessoa comum que morreu e, na sua ignorância, quer se aproveitar do vivo por diversas razões. Pode ser por vingança, por ciúme, por inveja, por ódio, para sugar energia, para sentir os prazeres que lá não consegue. Por exemplo, quando um alcoólatra bebe, o obsessor sente junto.

A obsessão contrária também ocorre. Quando a pessoa perde alguém que desejava muito, e continua desejando-a, chamando-a de volta, se lamentando, o morto sente-se preso nela. Pude presenciar esse fato diversas vezes nos trabalhos de desobsessão que fazíamos com um grupo de médiuns liderados pelo Gasparetto incorporado, que o obsessor dizia que queria muito se desligar do vivo, mas que ele não deixava. Eu disse desligar porque o processo de obsessão ou de encosto se dá devido à ligação psicoenergética.

Como ocorre o processo de desobsessão, erroneamente também chamado de exorcismo? Sempre ocorre na presença de um médium e com a ajuda de pessoas do astral. Quanto mais médiuns envolvidos, mais facilita o trabalho. Os chamados padres exorcistas não sabem, mas são médiuns. Alguns até sabem, mas relutam em admitir porque a religião não aceita. A energia dos médiuns interfere na ligação psicoenergética da pessoa obsedada, desestabilizando o campo energético, enfraquecendo a ligação, enquanto os ajudantes do astral retiram e prendem o obsessor. Se este insistir em permanecer, até choque elétrico é utilizado por eles, mas normalmente, nos nossos trabalhos, pelo fato de a gente saber como se dá o processo, apenas uma simples conversa convencia o obsessor a deixar sua "vítima". Todo aquele teatro dramático que muitas vezes é mostrado no exorcismo, que até foi tema de vários filmes, com o obsedado se estrebuchando, caindo ao chão e se batendo, com o exorcista empunhando uma cruz e gritando "em nome de Jesus afasta Satanás", é desnecessário quando se conhece como se dá o processo de obsessão. Às vezes, um simples convencimento por meio de palavras, dependendo da compreensão do desencarnado, ele abandona o obsedado. A intensidade do trabalho de desobsessão vai depender da intensidade da ligação psicoenergética. Quando ocorre o processo da obsessão? Quando a pessoa se abandona e constantemente fica reivindicando o apoio alheio.

Quem não tem posse de si, seu poder fica ao deus-dará, ou seja, em disponibilidade. A pessoa se abandona quando se vê como vítima, quando se vê menor, incapaz, quando é dramática, quando sente culpa e arrependimento. A obsessão não é uma exclusividade do desencarnado. Aliás, os maiores sofrimentos decorrentes desse processo se dão entre os vivos, nas famílias, nos relacionamentos amorosos, no trabalho, em que as pessoas ficam ligadas magnética e energeticamente. Os sintomas da obsessão, tanto de vivos quanto de mortos, são os mais variados possíveis, como esgotamento físico, desânimo, quebradeira, tristeza, depressão, toda uma gama de perturbações psicológicas, desinteresse, falta de iniciativa, vontade de morrer.

Perceba aí, nesse momento, em quem você está ligado? Você dá muita importância ao que os outros pensam a seu respeito ou para os preceitos sociais? Você é mais você ou mais os outros? Quem domina você psicologicamente? Quem dirige a sua vida? De quem você está querendo o apoio, a consideração, o amor? Ou, ao contrário, quem você está dominando? Por quem você está se responsabilizando? A vida de quem você está dirigindo? É para essas pessoas que está fluindo sua energia. Ou seja, você está sendo obsedado ou obsessor. E para cortar o fluxo? É só ficar do seu lado, sempre. É se apoiar sempre. É tomar posse de si. É convencer-se de que aquilo que os outros pensam a seu respeito só interessa a eles. É deixar de ser dramático. É largar o vitimismo.

Ninguém, absolutamente ninguém, seja encarnado ou desencarnado, tem o poder sobre você. Eles só aproveitam as brechas que você abre.

6
Hora da morte

A sexta coisa que os candidatos à morte precisam saber, pra sofrer menos ou nada, é a respeito da hora da morte. Muitos perguntam se morrer dói. Claro que não. O que pode provocar sensação de dor é o próprio estado em que a pessoa se encontra, em virtude de alguma doença, de algum ferimento ou de um infarto. Se a pessoa estiver anestesiada ou dopada, nem isso ela sente. A morte em si não dói. É o mesmo que perguntar se dormir dói. Todo mundo "morre" ao dormir. Assim que pegamos no sono, o corpo astral se desloca do físico para receber a energia vital prana de que necessita para se nutrir, para se abastecer, para se regenerar, para se restabelecer. Já ouviu a expressão: tive um sono reparador? Você já deve ter percebido que muitas vezes, assim que começa a pegar no sono, tem a impressão de que está caindo, leva um pequeno susto e acorda. Isso nada mais é que o corpo astral, que já estava a milímetros deslocado, voltando para o físico. O ser humano suporta até mais de cinquenta dias sem se alimentar, mas não consegue viver uma semana sem dormir.

> Todos nós vamos morrer um dia, portanto é inútil ter medo da morte. Você não se sente infeliz com a perspectiva de perder a consciência do corpo no sono; aceita o sono como um desejável estado de liberdade. Assim é a morte: um estado de repouso, uma aposentadoria desta vida. Não há o que temer. Quando a morte chegar, ria dela. A morte é apenas uma experiência a que você está destinado para aprender uma grande lição: você não pode morrer. Nosso ser real, a alma, é imortal. Podemos ficar por algum tempo adormecidos neste estado chamado "morte", porém nunca seremos destruídos. Nós existimos e essa existência é eterna.
>
> *Yogananda*

Grande parte dos sonhos que você teve, na verdade não foram sonhos, mas projeções do corpo astral, como foi dito na introdução. Você realmente esteve naqueles lugares, se encontrou com aquelas pessoas, que podem ser daqui, ou do plano dos mortos, ou até mesmo de outros planetas. O professor Wagner Borges faz isso com tanta propriedade e naturalidade a ponto de se encontrar com um amigo, de forma consciente, em determinado local, previamente combinado na vigília, para juntos irem a algum hospital ajudar doentes na intenção de promover a cura. Noutros casos, ele é chamado para atender recém-desencarnados vítimas de acidentes, e assim ajudá-los a se desgrudar do corpo físico. Segundo ele, isso é bastante comum.

A diferença entre uma pessoa morta e uma que está em projeção astral consiste no chamado cordão de prata, um filamento energético que liga o corpo físico ao corpo astral, pelo qual flui a energia vital. A morte se caracteriza exatamente pelo rompimento desse cordão. Conforme o Wikipédia, "O cordão de prata é um termo que se refere à conexão (ligação) bioenergética dos dois corpos mais básicos do ser humano: o corpo físico e o corpo astral. Pode ser também chamado de cordão astral, cordão fluídico, cabo astral, cordão de luz, laço vital, fio de prata, cordão perispirítico, teia de prata, cordão luminoso, cordão vital, cordão energético, laço aeriforme etc. Como ele é energético não há perigo de se romper numa projeção (experiência fora do corpo), e possui extensibilidade infinita, ou seja, pode se "esticar" a distâncias inimagináveis. É chamado de cordão prata devido a sua cor prateada. É citado claramente na Bíblia em Eclesiastes capítulo 12, versículo 6: Sim, lembre-se dele, antes que se rompa o cordão de prata, ..."

Qualquer incômodo, ou toque no corpo físico, a mensagem é imediatamente passada para o corpo astral que no mesmo instante retorna e a pessoa acorda, esteja onde estiver, inclusive em outros planetas, para quem já tem condições de fazer viagens interplanetárias. A velocidade com que o corpo astral se desloca é mais rápida que a da luz. Tem a rapidez do pensamento.

A denominação de espíritos que damos aos desencarnados não é adequada, assim como é incorreto chamar o astral de mundo espiritual. O espírito é nosso elo com o divino. Ele permeia o corpo físico e quando a pessoa morre acompanha o corpo astral. Também não é correta a denominação de almas. Alma é a parte do espírito responsável pelos bons sentimentos. A gente aceita chamar de mortos os que se foram, mas também o termo não é muito adequado, pois estão vivinhos como aqui. Onde há vida, há espírito.

Quando a gente sente, na verdade é o espírito que sente. Espírito é pura sensação. Por isso, quando você quer conversar com seu espírito, a linguagem a se utilizar é o sentir. O espírito não conversa com a mente através de palavras, mas pelas sensações. Sente-se bem, é o espírito dizendo: este é o caminho. Sente-se mal, o recado é: muda. Se faz bem, se sente bem, é porque é seu. Se faz mal, se sente mal é porque não é seu. O espírito não tem moral. A culpa faz mal, então não é sua. Jogue fora. Para o espírito, tudo que você fez, faz ou fizer, foi, é e será perfeito. Culpa é coisa da mente.

A sabedoria divina permeia absolutamente tudo. Por isso que tudo é funcional. O bem e o mal, como os vemos, não existem, mas a funcionalidade. Em vez de bem e mal, troque as palavras por bom e ruim. O que é bom é agradável, o que é ruim incomoda. Para muitos um bem faz bem, mas para outros faz mal. Para muitos um mal faz mal, mas para outros faz bem. É só verificar na área sexual e o tratamento que certas religiões dão para esse assunto, que você vai perceber a coerência do que estou dizendo. O que para mim na infância era um pecado mortal, hoje é divino e prazeroso. Tudo é relativo, tudo é único, tudo é circunstancial, tudo é funcional. O sofrimento é ruim, mas para certas pessoas faz bem porque se sentem dignas e acreditam que estão pagando pelo que devem. Para quem não sente culpa, o sofrimento não faz o menor sentido. O que você entende por crime hediondo, para a vida é funcional tanto para quem pratica quanto para quem sofre o crime.

Ambos estão sintonizados pelo grau de ignorância, então a vida junta os dois, pelo fenômeno chamado sincronicidade, para aprenderem com aquilo e expandirem suas consciências. Ah, mas um morreu. Para a vida, a morte não conta, já que somos eternos. Ah, mas quem matou precisa pagar. Pagar para quem? Para Deus? Onde Ele estava que permitiu? Ninguém deve nada para Deus, pois Ele já é e tem tudo. Se a pessoa sente que precisa pagar, vai pagar para ela mesma, já que acredita em crime e castigo. É a ignorância em jogo e o preço da ignorância é a dor. Se a ignorância for muito acentuada, só um trauma muito forte para fazer com que a pessoa saia daquele torpor e permita que a luz entre. Não se consegue lapidar um diamante com uma pluma.

    Se tudo está certo, então está certo uma pessoa matar a outra? Está. Se não estivesse a sabedoria divina não permitiria. Não há bem e não há mal, tudo é funcional. Tudo, absolutamente tudo que existe foi Deus que inventou. Não existe esse negócio que Deus inventou o bem e o Diabo o mal, mesmo porque o Diabo é uma invenção, uma fantasia. Se o mal não tivesse sua utilidade, Deus não o teria inventado. A vida age através da funcionalidade. Os espíritos dos envolvidos optaram por passar por aquelas experiências. Tudo está certo. O assassino, por sua vez, vai precisar resolver isso com seu espírito que saberá lidar de forma justa com a situação, dependendo das crenças dele. Cada um está onde precisa estar.

    A morte é uma ilusão. Somos todos eternos. Em outra encarnação, quem tirou a vida poderá ser pai ou mãe e devolverá a vida ou as vidas que tirou e tudo se resolve. A vida sempre ganha. Você não pode julgar os fatos pelo momento, mas como um processo contínuo. Quando alguém mata ou morre é apenas o desfecho de algo que começou muito antes, até em outras vidas. Se aquilo não fosse para acontecer, por que será que Deus permitiu? Então, Ele também é conivente? Aliás, Deus, através da natureza, faz coisas terríveis perante nossos olhos, como, por exemplo, soterrar crianças num terremoto, ou queimá-las nas lavas de um vulcão, e nem por isso as pessoas ficam indignadas. Ficam chocadas, mas não indignadas, porque foi a natureza que fez aquilo. Ora, para Deus o homem também pertence à natureza, e na sua ignorância, porque não aprendeu ainda, pratica esses atos caóticos. Quem já tem cem por cento de consciência de que praticar atos do tipo não é inteligente, e fatalmente vai resultar em muito sofrimento para si, não pratica.

A sincronicidade é exatamente a sabedoria divina permeando tudo. Carl Gustav Jung explorou esse tema. Tudo está absolutamente sincronizado. Por que será que a pessoa que nunca faltou ao serviço e naquele dia em que o shopping explodiu ela não foi ou se atrasou? Por que será que o outro que nunca passou pelo shopping, inclusive era de outro estado, estava lá na hora da explosão? Por que será que aquela pessoa perdeu o avião que caiu, enquanto a outra ficou feliz porque chegou em cima da hora, devido ao trânsito, e conseguiu tomar o avião? Se a vida junta duas pessoas num crime, pode muito bem juntar trinta, cem, quinhentas, um milhão. Uns chamam isso de carma coletivo. Não existe carma individual nem coletivo. É apenas a ação da sincronicidade, com base nas crenças e atitudes de cada um. Não podemos julgar os fatos pelo momento como se fossem uma fatalidade, uma fotografia estática. Precisamos perceber que aquilo foi apenas o desfecho de um processo, de um filme, que vem se arrumando, se ajeitando há anos, de acordo com as crenças e escolhas individuais, que geralmente são muito semelhantes. Ao mesmo tempo em que é uma consequência, um desfecho, é a continuidade para uma nova etapa da vida, seja aqui ou depois da morte. A morte não elimina a vida, já que a vida é eterna. Ninguém morre, apenas troca de casa.

O tipo de morte é cada um que atrai. Uns morrem lentamente, devido a uma doença degenerativa. Outros morrem subitamente por um infarto ou derrame cerebral. Uns morrem bruscamente num acidente enquanto outros morrem dormindo.

O Luiz Gasparetto costuma dizer que a pessoa morre como viveu. Se for uma pessoa dramática, vai morrer no drama. Se for uma pessoa tranquila, que não leva a vida muito a sério, morre dormindo. Há os que morrem queimados ou devido a uma explosão. Dizem, os desencarnados, que quem morre queimado não sente calor, mas muito frio. Já os que morrem numa explosão, dependendo da intensidade, inclusive o corpo astral sofre lesões e pode chegar lá aos pedaços. Acho que esses extremistas, tipo homens-bomba, que acham que vão ver Deus e ter isso ou aquilo de recompensa, devem rever seu ponto de vista. Um grande amigo desencarnado, o Cachoeira, disse, certa vez, que muitas vítimas da bomba atômica na Segunda Guerra, até hoje andam por aí procurando pedaços dos seus corpos astrais. Disse, também, que essas homenagens que prestam aos mortos nas datas comemorativas, causam-lhes profundo sofrimento, pois sentem novamente aquilo que passaram.

O corpo astral é o corpo que sai do corpo físico para viver no seu novo mundo que é o astral, pois nosso mundo tem uma frequência energética e o astral tem outra. O corpo físico é uma cópia fiel do corpo astral, porque primeiro ocorre no astral e depois no físico. Quando uma doença atinge o corpo físico é porque já está moldada no corpo astral. A semelhança é tamanha que, ao desencarnar subitamente num acidente, por exemplo, a pessoa reluta em acreditar que morreu, pois se percebe inteira, viva, apesar de presenciar toda cena e se ver morta. Não raro, ela plasma o celular e procura, em vão, ligar para seus familiares.

Por que algumas pessoas sofrem antes de morrer e outras não? A pessoa morre como vive. Se for uma pessoa dramática, vai morrer no drama e chegar ao astral no drama. Se for uma pessoa de cuca fresca, vai morrer tranquila e chegará ao astral tranquila.

Todo mundo tem medo de morrer porque isso é uma condição natural de sobrevivência e preservação da espécie. Até os animais têm. Agora, ter medo porque acaba tudo ou porque não sabe o que vai acontecer depois, é um medo fantasioso e prejudicial. A vida não é séria, a não ser para quem a tome assim. A morte a mesma coisa. O desconhecimento do pós-morte, envolto em mistérios e medos passados pelas religiões, pela sociedade é que traz tanto sofrimentos para os envolvidos. Quanto ao corpo, a matéria indo embora, trate de aceitar porque é assim em toda a natureza, inclusive com as estrelas, porque a matéria é uma ilusão embora pareça real. Se ligue no seu espírito e às coisas dele que são verdadeiras e imortais.

7
Como se chega ao astral

É indispensável saber da sétima coisa, pois trata-se das primeiras impressões que a pessoa vai ter ao chegar ao novo mundo. Claro que tudo depende do grau de consciência de cada um. Tem gente que morre e demora até anos para perceber que morreu. Mas, quem chega lá com certa lucidez, primeiro vai chegar com o inconformismo da morte, assustada e muito interrogativa. Já imaginou ver seus pais, parentes ou amigos mortos? Depois, suas crenças a respeito da vida após a morte vão por água abaixo num segundo, principalmente aqueles que estão convictos do que aprenderam com a religião. Isso tudo é muito traumático. A cabeça da pessoa entra em parafuso.

A pessoa chega ao astral como saiu daqui. Depende da situação de cada um. Saiu mal, chega mal. Saiu bem, chega bem. Ela só leva as crenças, os valores interiores e as atitudes, pois foram esses os ditames que fizeram a realidade dela na matéria. Se o corpo físico estava doente, vai chegar doente. Não adianta, cada um é responsável pelo que faz e pelo que fez. Só a pessoa vai desfazer ou transformar o que fez. De nada valem as orações dos vivos se ela não estiver aberta pra receber. É como aqui. Muitas vezes as pessoas rezam para alguém se curar, mas a cura não vem e a pessoa acaba morrendo.

Se a pessoa tiver mérito, recebe ajuda assim que chega ao astral. Mas, se for muito irresponsável consigo, não recebe ajuda nenhuma e, dependendo da densidade de sua mente, tendo em vista as culpas, os remorsos, as revoltas, os ódios, os ressentimentos, os medos, vai direto para o umbral, sabe lá Deus em que nível, até ela purgar o suficiente para reduzir seu orgulho, sua vaidade. Aí, se tiver um pouco de humildade e modéstia, a ponto de pedir ajuda, a ajuda aparece.

Enfim, ele descansou, dizem os desavisados quando alguém morre após um longo sofrimento. Descansou é? Aí que o bicho pega. As dores físicas continuam, as emocionais aumentam, pois no astral tudo é mais intenso que aqui. Soma-se a isso a saudade dos que ficaram e o impacto do novo ambiente ao qual vai ter que se adaptar, sem contar que o morto sente tudo o que os outros estão sofrendo por sua morte, principalmente dos mais ligados, como pais, irmãos, filhos. Não é nada bom chegar ao astral nessas condições.

A maioria presencia seu velório e vivencia tudo aquilo. Percebe quem está realmente lamentando e chorando por sua partida e quem está fingindo e dando graças a Deus que ele se foi. Já começam aí as decepções e as desilusões com os que ficaram. Quem realmente foi amigo, quem não via a hora de ele morrer para ficar com a herança, por exemplo. Segundo os amigos desencarnados, isso é muito terapêutico, pois a pessoa já se desilude de uma vez e aprende que só pode contar consigo mesma. Muitos nem vão para o astral e ficam obsedando os que eles acham que o prejudicaram, numa espécie de vingança. Outros, desorientados, andam por aí como alma penada. Há os que voltam para sua casa e relutam em deixá-la, frequentando os mesmos ambientes de quando eram vivos.

Aquelas histórias de castelos e casas mal-assombradas têm muito de verdade. Porém, o mais terrível acontece com as pessoas muito apegadas à matéria ou a alguém e descrentes da vida após a morte. Essas sequer conseguem se desgrudar do corpo físico, veem e sentem ser enterradas e, com o tempo, os vermes consumindo seu corpo. Nesses casos, só com a ajuda de desencarnados para o corpo astral se desprender do corpo físico. Há relatos de pessoas que ficaram por anos a fio nessas condições. Para esses casos, o melhor mesmo seria a cremação, pois seu desprendimento seria imediato.

Por outro lado, se a pessoa morre de bem com a vida, com saúde e ciente da morte e da vida após a morte, chega ao astral numa boa. É uma maravilha. Não quer saber de presenciar seu velório, não quer saber do que ficou e dos que ficaram e já procura coisas pra fazer. É recebida com festa pelos amigos e parentes do astral, principalmente por aqueles que ela deixou quando da reencarnação, que é sua família espiritual. Assim, ela vai reconhecendo um por um e a alegria pelo reencontro é simplesmente indescritível. Há muita comoção nessas horas. Já pensou, alguém que saiu em viagem por anos para fazer um curso e retorna ao lar? É isso que estamos fazendo aqui: cursos para expandirmos nossa consciência. A maior alegria ainda está por vir, quando a pessoa fica sabendo que ganhou a reencarnação. Longe de se comparar a intensidade da emoção, é como a criança que fica sabendo que passou de ano.

Cabe aqui um esclarecimento. Da mesma forma que escolhemos os cursos que pretendemos fazer para nos habilitarmos em determinada área, antes de reencarnarmos, estabelecemos algumas coisas que queremos desenvolver na matéria, como virtudes, faculdades, habilidades. Daí a alegria, a satisfação, a realização de quem foi aprovado, não por ninguém, mas por ela mesma. Imagina o contrário: saber que não passou de ano e que perdeu a reencarnação. Essa é a maior das tristezas que alguém possa experimentar no astral: a perda da reencarnação. A decepção consigo mesmo é tamanha e duradoura, acompanhada do sentimento de fracasso, sem contar a vergonha perante sua família espiritual.

Depois de serenadas as emoções da passagem, os que têm mérito podem consultar sua ficha. Todas suas vidas pregressas estão registradas. Não numa ficha de papel, mas virtualmente.

Dizem que os computadores de última geração que temos aqui, lá são considerados sucatas. Basta você pôr a mão, que toda sua história aparece escrita na sua frente, e se quiser, em imagem como um filme, exatamente como aconteceu. Tudo está registrado, desde a vida individual como os fatos da humanidade, pois tudo foi perfeito e tudo fez sentido. A tecnologia, a ciência no astral está anos à nossa frente. Primeiro ocorre no astral, depois aqui na matéria. Quando precisam desenvolver a nossa tecnologia, seja em que área for, os espíritos encarnam e trazem seus conhecimentos. Um dia veremos em nossas telas, ao vivo, as grandes figuras da história dando seu recado, suas palestras, pois no astral já há essa tecnologia e já estão encarnando espíritos para desenvolvê-la aqui na Terra. Já pensou conversar com um parente morto assim como conversamos hoje pelo computador? Já pensou ver Beethoven regendo uma orquestra? Já pensou assistir a um show do Elvis Presley? Já pensou ouvir uma palestra de Albert Einstein? Já pensou ver São Francisco ao vivo? Isso fatalmente irá ocorrer. Com a aceleração da tecnologia da comunicação, como você acha que estará essa área daqui a cinquenta anos, por exemplo? Investigando outras dimensões. O livro que escrevi, *O cientista de hoje*, editado também pela Editora Vida & Consciência, explora esse assunto. Um cientista muito espiritualizado que reencarna e procura descobrir as ondas pelas quais possa sintonizar a frequência do astral.

Um detalhe que não é importante, mas é bom que os candidatos à morte observem, principalmente os mais vaidosos, para não se exporem ao ridículo: devido à forte influência que a mente exerce sobre a matéria, a pessoa chega ao astral vestida como morreu ou como foi enterrada. Isso é motivo de tanta risada e até de gozação por parte daqueles que a estão esperando, geralmente os familiares e amigos. Já imaginou a situação de alguém que chega de gravata e só com a metade do terno, a parte da frente, com a bunda de fora, porque os parentes resolveram economizar? Essa prática não é tão incomum assim.

Sempre que se fala da vida após a morte, o assunto referente ao suicídio geralmente vem à tona, pois imaginam que não há nada mais terrível para Deus que a pessoa tirar sua própria vida. Ninguém vai cobrar nada do suicida. Quem cobra é a própria pessoa. O grau de sofrimento ou de liberdade que o suicida vai sentir vai depender das crenças e atitudes dele. A maioria sofre, já estava sofrendo aqui, porque leva consigo uma culpa muito grande, e quem se sente culpado está dando uma informação para o espírito: tenho que pagar, pois todo culpado precisa pagar e o espírito obedece. Se não se culpar e achar que tinha o direito de morrer, vai chegar ao astral numa boa. Aliás, quando uma pessoa muito evoluída espiritualmente, se quiser, deixa o corpo físico de livre e espontânea vontade, quando sentir que não lhe interessa mais a experiência na matéria, como fez Yogananda.

Outra coisa, todo mundo que morre de doença, no fundo se suicida, pois as doenças têm suas causas no que a pessoa faz contra si, como culpas, mágoas, ódios, revoltas, autocríticas, ressentimentos. Toda vez que alguém se critica, se culpa, guarda uma mágoa, a aura perde um pouco do seu ônus e se mantiver essa postura, parte da aura é totalmente desfeita e então atinge o corpo físico, provocando o que chamamos de doença. Portanto, ficar julgando quem se suicidou e já determinar o lugar que vai depois da morte, é um ponto de vista muito limitado.

É preciso deixar o suicida com suas opções em paz e procurar verificar e trabalhar a cabeça para não se suicidar aos poucos.

Já ouvi muitos dizerem que pessoas com muitas posses, que vivem na abundância, geralmente têm uma vida infeliz e até dramática, a ponto, inclusive, de cometerem o suicídio. Não é verdade. Muitos milionários estão muito bem. Ao contrário, os maiores sofrimentos estão na pobreza. Isso acontece com quem coloca a matéria acima de tudo, tanto faz se é rico ou pobre. A matéria é importante, mas não mais que o espiritual.

Quanto ao suicida, cada um manda na sua vida, e tem o direito de fazer o que bem entender dela. Todo mundo só morre quando o espírito quer. Há inúmeros exemplos de pessoas que tentaram o suicídio uma, duas, três ou mais vezes e não conseguiram morrer. Tudo está certo, porque se não fosse assim, Deus não permitiria. Ninguém vai cobrar nada dele. Quem cobra é a própria pessoa. O grau de sofrimento ou de liberdade que o suicida vai sentir vai depender das crenças e atitudes dele. A maioria sofre porque leva consigo as culpas, e quem se sente culpado está dando uma informação para o espírito: tenho que pagar, pois todo culpado precisa pagar e o espírito obedece. Se não se culpar e achar que tinha o direito de morrer, vai chegar ao astral numa boa.

Dizem que os que morrem de AIDS ou de câncer, cujo físico fica totalmente deteriorado, se adaptam logo à nova vida, pois ao perceberem que podem ter um corpo novinho em folha, mais jovem, ganham um forte incentivo e o restabelecimento é mais rápido. O astral é tão semelhante ao nosso mundo que muitos, geralmente os que não presenciaram seu velório e enterro, levam tempo para perceber que morreram, como é o caso de alguns que morrem dormindo. Há relatos de casos raros em que a pessoa reencarna sem saber que morreu e passou uma temporada no astral.

8
Morrer com a cabeça boa e tipos de morte

A oitava coisa é, depois do controle mental, a mais importante que todos precisam saber antes de morrer para se dar bem no astral: Se suas crenças e valores interiores forem de qualidade, você vai chegar muito bem lá. Se não forem, vai ter sofrimento, mesmo porque já estão fazendo efeito aqui na matéria. Quem tem uma cabeça boa, fatalmente já está levando uma vida boa e depois da morte é apenas a continuidade da vida que levava. Morreu bem, continua bem. Morreu mal, continua mal. A morte não altera em nada a atual condição. Aliás, só intensifica, tanto para o bom como para o ruim, como já foi dito.

Dessa forma, morrer para uns é um grande alívio, enquanto para outros é um grande sofrimento. Assim, precisamos estar sempre em dia com nossos valores interiores. É totalmente verídico o dito popular de que *a gente leva a vida que se leva*.

Mesmo que a pessoa acredite numa vida após a morte de maneira equivocada, porque assim aprendeu, mas não é dramática e acredita nos valores espirituais, na eternidade do espírito, leva a vida na positividade, na simplicidade, na modéstia, sem fanatismo religioso, sem culpas, procura fazer o bem à sua maneira sem guardar ressentimentos, rancores ou mágoas, sua passagem será tranquila, pois morre com a cabeça leve.

Essa leveza lhe permite sintonizar uma frequência boa onde vibram espíritos desencarnados mais lúcidos que imediatamente lhe prestam assistência. Claro que no início ela vai ter aquele impacto natural que todos têm ao perceber que a vida lá não é como lhe foi ensinada, mas rapidamente se adapta e, não raro, se sente até melhor ao perceber que as mudanças não são tão drásticas, mas próximas à vida que levava aqui na matéria. Todavia, para que esse estado se firme, o primeiro exercício que terá que fazer é de controle mental para não plasmar uma realidade ilusória.

O que é ter uma cabeça boa? É não ser dramático. É não cultivar medos ilusórios, culpas, arrependimentos, remorsos, mágoas, ressentimentos. Em suma, é ter leveza interior. O oposto de leveza interior é peso interior. Peso na consciência, já ouviu falar? Quem está com peso na consciência está no fundo. O mesmo acontece no astral. O peso é pesado e afunda e, dependendo do peso, mais para o fundo vai e fundura no astral é o mesmo que umbral. Há diversos níveis no umbral, desde os mais leves aos mais tenebrosos, como aquele que fui visitar na companhia de meu guia durante uma projeção astral.

Quando a pessoa morre, não tem ninguém na recepção do astral, tipo São Pedro, para indicar ao recém-chegado sua nova moradia. É o peso ou leveza interior que estabelecerá a compatibilidade à futura casa. É como aqui. Aquele que tem paz mental, espiritual e emocional, está tranquilo. Já o perturbado leva uma vida de cão, na paranoia, em outras palavras, no inferno. Se morrer assim, continuará no inferno.

Há aqueles que deliberadamente escolhem continuar por aqui, as chamadas almas penadas. Seu sofrimento não é menor que os que frequentam o umbral. Já pensou conviver com os familiares e amigos sem poder interagir com eles? Saber o que pensam e falam de si? Saber que precisam fazer isso, aquilo e não poder interferir?

Por falar em alma penada, meu amigo espiritual Cachoeira disse que nos cemitérios há muitos desencarnados próximos a seus corpos se lamentando porque não arriscaram mais durante a vida. Se lamentando por terem perdido tanto tempo com bobagens e futilidades. Já ouviu a belíssima música *Epitáfio*, dos Titãs? A letra, então? Tem tanta sabedoria e corrobora totalmente o que meu amigou falou: "Devia ter arriscado mais, até errado mais, ter feito o que eu queria fazer". Veja, também, a definição da palavra epitáfio: inscrição na lápide sepulcral.

Portanto, vale aqui a dica: toda pessoa de sucesso não age só na segurança. Não há esse milionário que não tenha corrido riscos, que não tenha sido ousado. Sem ousadia não há sucesso, pois, o espírito não tolera a ação baseada na garantia total, no comodismo, no calculado, no exato, atitude própria dos medrosos, já que ele tem um potencial infinito pra ser explorado. Foi graças à coragem e ao risco dos descobridores, navegando por "mares nunca dantes navegados", que o potencial do planeta está sendo explorado para acomodar sete bilhões de seres humanos.

Versando ainda sobre cemitério, se eu fosse você passava longe dele, principalmente no dia de finados. Ah, mas eu quero visitar meu ente querido, rezar pra ele, levar flores no túmulo. Se o finado tiver um pouquinho de lucidez não vai nunca estar no cemitério. Lá só tem corpos em decomposição, vermes, muita ossada e espíritos perturbados. Não perca seu tempo. Vai fazer uma coisa melhor. Vai passear no shopping ou aproveitar o feriado pra viajar ou visitar parente vivo.

Não é nada recomendável morrer carregando alguma desavença em que a pessoa se sentiu ressentida, magoada e ficou de mal, brigada com alguém. Não é bom nem para quem vai nem para quem fica, pois continuam ligadas energeticamente e a vampirização será inevitável de ambas as partes. O arrependimento imediatamente se estabelece, principalmente se pertenciam ao círculo familiar ou de amizade. Claro que se não sentirem arrependidas e acharem que foi bobagem aquela discussão, aquela briguinha, a ligação não existirá, mas normalmente isso é muito difícil. Geralmente pinta algum arrependimento. Se após a morte não conseguirem desfazer mentalmente, o que é mais difícil, só resolverão no astral quando a outra pessoa também morrer.

Nos casos mais graves, em que houve muito ódio envolvido, ocorrendo a morte de uma delas, por exemplo, a coisa piora substancialmente, pois a ligação emocional é muito forte. Aquilo vai ficar martelando o tempo todo na sua cabeça. A que foi, se não tiver lucidez, para se vingar, se tornará obsessora da que ficou tornando a vida desta um inferno. Ela também sofrerá as consequências das ondas energéticas de ódio ou de culpa e arrependimento, emitidas pelo assassino. Da mesma forma que o caso anterior, a possível solução só ocorrerá quando o assassino morrer e se encontrar com o assassinado.

Não adianta se confessar, pedir perdão a Deus, se arrepender. O que a pessoa faz, só ela desfaz. Se não desfizer, vem a dor para purgar aquilo. Melhor, então, é usar a inteligência e resolver sem precisar se valer do sofrimento, não acha? Não apenas pra se sentir bem depois que morre, mas durante a própria vida.

Agora, se você não sentir culpa pelo que fez ao outro, não se arrepender, sabendo que o outro, como você é responsável por tudo de bom ou de ruim que acontece na vida dele, beleza. Ninguém vai lhe cobrar nada e você não vai pagar nada. Tudo é você. Tudo está na sua mente: o juiz, o réu, as vítimas, os coitados, os prejudicados.

Você é seu juiz, você é a lei. Veja lá o rigor das leis que você faz pra si.

Algo muito interessante ocorre com aqueles que morrem acometidos do mal de Alzheimer. É bem diferente das que contraíram câncer ou outra doença em que o sofrimento físico durou até a morte. Pelo fato de passarem anos a fio perdendo a memória, sendo que os últimos fatos sequer ficam registrados na mente, tudo isso não a afetará no astral. O esquecimento é uma grande bênção para elas. Para os que ficam, a impressão que se tem é de que o doente está passando por um momento muito terrível, mas não está. Ele está bem, pois tudo depende da mente, como já insistimos tanto. Se a mente estiver bem, sua realidade está bem e sua vida no astral estará bem. Lá, a recuperação do cérebro se dará rapidamente e a lucidez voltará. Veja, então, como as coisas não são como parecem e como a vida é cheia de belas surpresas, até por ocasião da morte. Assim, enquanto para os vivos o mal de Alzheimer é algo terrível, espiritualmente e até fisicamente é uma grande bênção.

Outra curiosidade muito interessante dos acometidos desse mal, é que apesar de não terem a memória dos fatos e das pessoas fora do seu convívio, há uma parte do cérebro que faz com que as músicas não sejam esquecidas. Isso mostra como a música é maravilhosa. Então, cabe aqui uma recomendação aos familiares de pessoas nesse estado para que procurem tocar as músicas que elas curtiam e mesmo outras novas, desde que sejam do mesmo estilo.

A morte e a chegada ao astral decorrentes do Alzheimer são diferentes dos tipos de morte por outras doenças. Enquanto estas são provocadas inadvertidamente pela pessoa porque ela inconscientemente quer, a de Alzheimer é um processo natural independente de sua vontade. O processo gradativo de esquecimento anterior ao desencarne é muito benéfico.

A chegada ao astral de alguém que morre no estado de coma por longo período é bastante problemática. No coma, a pessoa perde o consciente ativo, desliga a mente do corpo, mas muitos órgãos vitais, como os pulmões e o coração, continuam trabalhando. Embora o consciente ativo esteja desligado, ela percebe o que está acontecendo à sua volta. Se souber levar o processo, faz viagem astral com facilidade e volta para o corpo físico. Porém, se não souber se torna terrível, pois se sente leve e não percebe o corpo físico e, ao morrer, fica perdida porque sente que morreu sem corpo, nem mesmo percebe o corpo astral, e se torna muito difícil de se trabalhar. Então, entra em desespero, pois não sentir o corpo é muito assustador. O coma é uma forma da vida dizer à pessoa como ela não está no controle, principalmente de si. Todavia, isso também é um processo de cura, como tudo é. Como é o tratamento no astral para ela voltar a sentir o corpo? Principalmente psicológico, fazendo-a se convencer da existência do corpo astral e ao mesmo tempo trabalhar no sentido de ela ficar no controle mental e de si.

Embora a pessoa não saiba, o câncer, a AIDS, e outros tipos de doenças físicas, são provocados porque ela inconscientemente quer. É a própria pessoa que dá o comando às células. A gente, a todo instante, tem energia elétrica passando por todas as partes do corpo, energia essa que é mensurável, aproximadamente cinquenta *volts* e é pela energia que há a comunicação. Assim, na hora em que você manifesta uma raiva, uma culpa, um ressentimento, uma mágoa, essa energia é mandada para o corpo. É como uma roleta russa. Onde estiver mais frágil, mais vulnerável, vai pegar. As culpas sexuais, muito abundantes no ser humano, provocam o câncer nas mamas, no útero, no ovário, na próstata. Por isso, é tão comum o câncer nesses órgãos.

O problema é que a pessoa não pensa nisso uma vez ou duas, mas fica alimentando aquilo por dias e anos. Fica remoendo aquilo, respondendo para aquilo, conversando com aquilo, reforçando e dando importância para aquilo e, conforme já vimos, toda crença se torna realidade. Daí a necessidade de relevar os fatos, não ficar guardando para si essas maldades. *Mens sana in corpore sano.* Morrer saudável e dormindo é o tipo de morte mais abençoado.

A pessoa quando entra em estado vegetativo significa que o subconsciente toma o controle dela. O consciente não comanda mais nada. Ah, mas a pessoa era muito boa, fazia muita caridade e agora está sofrendo na cama em estado vegetativo. Isso não conta nada. Ela entrou nesse estado justamente porque não tinha disciplina e controle mental. Então, para ela isso é ótimo. O subconsciente está trazendo aquilo que ela esqueceu de ser, a essência dela. Ela está vegetando, não serve para nada, só para dar despesa. Mas, é um alívio tão grande que, ao vegetar, não está tomando consciência das coisas que estão à sua volta. Tem gente que até ouve, que se lembra de tudo, mas não consegue manifestar no corpo. A pessoa fica presa dentro do consciente dela.

Estado vegetativo é como se o corpo astral desincorporasse do corpo dela, mas continua ali. Não foram tiradas as funções vitais dela, ele não quer subir e quer que a pessoa fique um pouco mais no estado latente. Depois de uns anos vegetando, ela já está melhor, já está um pouco mais humilde e a vida para ela já mudou de sentido.

A vida faz as pessoas passarem por essas experiências mais delicadas na hora em que precisam mudar o sentido da vida delas. Quando a vida quer um significado diferente para alguém, ela dá um jeito de fazer. A pessoa, ao passar por alguma situação delicada em que corre risco de vida e fica na iminência da morte, o sentido da vida muda totalmente para ela. É que o estado anterior já não estava funcionando mais, pois esqueceu que tem vida. Ela acorda, toma café, vai trabalhar, dirige, pega trânsito, reclama, trabalha, volta, bebe, conversa, vê televisão e dorme, tudo no automático. Isso é vida? Nada como levar um choque para perceber a vida.

A função básica da doença é trazer a pessoa para o presente. Não há como deixar de sentir a dor. E quem sente a dor está vivendo no presente. É um recado de como a pessoa está na ilusão, na fantasia, de como está presa no passado ou no futuro, pois só o presente é real. Não é difícil perceber que as pessoas que curtem a vida, que têm uma cabeça boa, que vivem intensamente estão sempre saudáveis. Já, aquelas que vivem reclamando, vivem na dramaticidade, não saem da farmácia.

Viver intensamente não é fazer festa todo dia, procurar motivos para se divertir, comer, beber, viajar etc. Isso não passa de uma fuga do próprio presente e de si mesmo pra não se encarar. Se pintar, tudo bem, maravilha, curta bastante. Viver intensamente é curtir o que aparece no dia a dia, como um trabalho, um passeio, um perfume, uma flor, uma companhia, um filho, uma mãe, uma comida, um carinho, um gosto, enfim qualquer coisa que um dos cinco sentidos perceba e, para quem tem o sexto desenvolvido, que é a mediunidade, também.

Como faço pra acabar com minhas culpas?

A culpa vem de nossa pretensão. Quando achamos que devemos ser ideais e não reais, somos pretensiosos. Iniciamos a usar o verbo dever (deveria, devo), que é o verbo do ideal e de todos os que não têm mais o senso de proporção. Impomos o ideal e, quando agimos no real, nos punimos apertando nossa alma para dentro do peito, o que gera culpa. Só a modéstia pode curar você. Modesto é aquele que se aceita como uma pessoa real, assim nunca sofre por culpas. Jogue fora o verbo dever. Nunca mais use "deveria" e busque ver a sua verdade, aceitando aquilo de que é realmente capaz.

Você disse que a gente não deve se arrepender de nada. Muitos assassinos, ladrões, presidiários e até espíritos que vão para o umbral mudam de vida devido ao arrependimento. Não é isso uma coisa boa?

Só se arrepende quem precisa se arrepender. É o grau de conhecimento da pessoa. Se eles não tivessem culpas nem arrependimentos, não teriam ido pra cadeia ou para o umbral. O arrependimento deles é um sinal de entrega, de humildade. Então, aparece a ajuda. O arrependimento é útil pra quem precisa dele. Se a pessoa já tem a lucidez de que não fez nada errado, de que tudo que ela fez foi perfeito, conforme seu grau de consciência, então nunca terá culpa nem arrependimento e nunca precisará deles.

Aliás, a coisa é tão bem-feita que quem já tem esse grau de lucidez não pratica atos tidos como malévolos e não tem a necessidade de se arrepender.[2]

Numa das reuniões que tive com o Cachoeira, através do meu amigo médium Helton Villani, disse-lhe que eu precisava incluir neste livro mais alguns tipos de morte, ao que ele imediatamente se prontificou a me fornecer. Assim, além de falar a respeito desse tema, ele forneceu outras informações muito valiosas, as quais constam do último capítulo do livro – Um papo com o Cachoeira.

---

2 - do livro *Gasparetto responde!*, dos autores Luiz Gasparetto e Lúcio Morigi, publicado pela Editora Vida & Consciência.

9
O que atrapalha quem morreu

É muito recomendável saber o que atrapalha quem morreu, que é a nona coisa. As pessoas acham que quem morreu se desligou deste mundo e que nada mais o afeta porque virou espírito e agora as regras são outras. Ledo engano. Aí que a coisa pega para o morto. Se ele não for esclarecido o suficiente para cair fora logo, fica presente no velório participando do espetáculo degradante, vendo e sentindo a todo aquele horror.

O que sente é o corpo astral e não o corpo físico e o corpo astral, nos vivos, está ligado pelo perispírito. O que faz a anestesia? Desloca o perispírito e o físico não sente a dor, isto é, separa momentaneamente a parte astral daquela parte física.

> "O laço ou perispírito, que une o corpo e o Espírito, é uma espécie de envoltório semimaterial. A morte é a destruição do envoltório mais

grosseiro. O Espírito conserva o segundo, que constitui para ele um corpo etéreo, invisível para nós no estado normal, mas que pode se tornar acidentalmente visível e mesmo tangível, como sucede nas aparições." Wikipédia

O corpo astral, livre do corpo material, sente com muito mais intensidade tudo, de todas as pessoas presentes. Sente quem está sentindo de verdade sua morte, quem está fingindo o choro para mostrar aos familiares sua "dor", quem, no fundo, está dando graças a Deus que ele morreu, porque vai ficar com a herança, ou porque está livre daquele mala, ou porque agora a viúva ou o viúvo pode ficar com o amante ou a amante.

Se o morto se encontrava em estado de penúria antes de morrer e ficou naquela situação por anos, é claro que os familiares vão chorar sua partida, mas não vão lamentar e vão até se sentir aliviados. Isso, de certa forma, faz bem a ele, porque, muito provavelmente, devido ao estado em que se encontrava, não vai ter o discernimento suficiente para perceber, e não vai sentir o lamento, pois não há lamento dos que ficaram, mas a sensação de alívio, porque, enfim, "descansou".

Agora, se for um morto com lucidez, muito apegado ao corpo, à matéria, às ideias da coletividade, a ligação do períspirito é tão forte que o corpo astral não consegue se desligar do corpo físico, apesar da ajuda de desencarnados. Há muita assistência aos que morrem para fazer o desligamento, para separar o astral do físico. Aí, a coisa fica preta. Ele vê e sente tudo, inclusive ser enterrado e depois a decomposição das carnes sendo devoradas pelos vermes. Há casos extremos em que o apego era tanto, disse um amigo espiritual, que a defunta permaneceu ligada à caveira óssea por quinze anos. Ai credo!

Calma! Isso não é a normalidade. Geralmente o corpo astral se desgruda com certa facilidade. Por isso que a cremação, dizem, é o melhor procedimento para quem morre. Como o corpo astral não queima, ao ver o físico virando cinza, desiste logo de ficar ali e parte ou para o astral, ou volta para casa vivendo como alma penada.

Uma das coisas que mais atrapalha o morto é o lamento dos que ficaram. Aquele apelo emocional decorrente do sentimento de perda. Nesse pacote de lamento emocionado vêm junto os arrependimentos e as culpas por não terem feito isso, aquilo, se tivesse, se não tivesse. Isso lhe causa muita dor emocional. Num texto psicografado,

Ayrton Senna disse que o que mais o fez sofrer e lhe perturbou quando morreu foi o lamento daquela multidão ensandecida que muitos acharam lindo e comovente e que era uma prova do quanto os brasileiros o "amavam". Amor verdadeiro está longe disso. O choro faz bem e libera. O lamento faz mal e prende.

Cada caso é um caso, dependendo da lucidez e do conhecimento da vida após a morte, porém o mais comum é o morto sentir muita saudade dos familiares que ficaram, apesar de poder se encontrar com os outros que já estavam no astral, como os pais, os avós, os irmãos. Estes, geralmente, ficam aos pés do leito de morte aguardando o desencarne para o levarem para um lugar já preparado, na maioria das vezes para um hospital, evitando, assim, que o recém-morto fique à mercê de companhias nada agradáveis.

Muitos vivos acham que quem morreu virou espírito e que agora sabe de tudo e que tem todos os poderes. Pior, acham que está com Jesus e que pode interferir junto a Ele para atender suas preces. Não muda nada a situação do morto. Aliás, geralmente piora, porque a maioria chega lá desinformado ou mal informado, desorientado, mais perdido que cachorro que cai do caminhão de mudança.

Jamais peça ajuda a quem morreu. Isso só vai contribuir para aumentar ainda mais seu sofrimento. Se o pedido for captado por ele, na sua incapacidade total de atender, e às vezes sabendo da situação do pedinte, querendo ajudá-lo sem poder, imagina a pressão psicológica do infeliz? Quer pedir ajuda, peça a seu guia espiritual, ou anjo da guarda, como muitos chamam. Ele sabe perfeitamente se você tem condições de ser atendido.

Uma coisa que atrapalha e perturba demais quem morreu é o apego exagerado. O conceito de apego, por sua vez e, consequentemente de desapego, da forma como aprendemos está equivocado. Desapego é a faculdade de não se prender às ideias. Desapego não tem nada a ver com a posse e o manejo de bens materiais. Sem dúvida é preciso ter bom senso para lidar com as posses para que elas não nos dominem. Porém, não é o fato de ter posses que caracteriza o apego, mas o fato de estar preso ao mental da coletividade, o mental inferior, onde ressoam muitas crenças de pessoas, segundo as quais a materialidade é tudo, desconsiderando a existência do espiritual.

Desapego é a faculdade de mudar a frequência do pensamento do mental inferior para o mental superior. Por exemplo, quantas vezes não lhe ocorreu de estar sintonizado numa frequência baixa, sentindo tristeza, desânimo, e ao ouvir uma notícia boa, imediatamente ficou alegre? A alegria é a sintonia da frequência da alma. O desânimo e a tristeza são decorrentes de pensamentos, ideias, característicos do mental inferior onde vagueiam as ilusões.

A pessoa apegada é aquela que está dominada pelo senso comum, pela mente coletiva, pelo mental inferior, como a que cultiva as seguintes ideias: só o que conta é o material; sou mulher, portanto posso isso, não posso aquilo; isso é imoral, aquilo não; sou pai, por isso devo proceder assim; sou casado, por isso não posso isso, aquilo. Sou empresário por isso tenho que me comportar assim, assim. Sou religioso por isso, devo e não devo fazer isso, aquilo. Tudo são ideias, pensamentos. Mesmo você. Se perguntarem quem você é, vai dizer um monte de pensamentos a seu respeito: sou isso porque faço isso, nasci em tal família, estudei aquilo, trabalho lá, tenho tal religião etc, etc. Você acha que tem um elo com o que faz, com o que foi, com a família, com o trabalho. É tudo ilusão.

10
O que realmente é pecado

A última coisa que você precisa saber antes de morrer, para ter uma vida tranquila após a morte e viver melhor aqui, refere-se ao conceito de pecado. Pecado é aquilo que você faz contra si e não contra os outros. Agora, se você acreditar que uma simples mentira é pecado, então será para você, não a mentira em si, mas a culpa por ter mentido. Ah, mas eu fiz mal para tal pessoa e agora me sinto culpado. Se você sentir que fez mal a alguém e está se culpando, não é o eventual mal que fez que é pecado, mas o que está contra você que é a culpa. Se você não se culpar, não vai responder por isso. O pecado é a culpa que você sente. Ninguém faz mal a ninguém, pois cada um, junto com o espírito que permitiu aquilo, é cem por cento responsável por tudo de bom ou de ruim que acontece em sua vida. Cada um está onde se põe. Você não é responsável pelo que o outro atraiu de você. Ele precisava daquilo para aprender algo mais inteligente, para desenvolver virtudes, faculdades, habilidades, expandir a consciência, pois absolutamente tudo é útil.

Não há ninguém anotando, não há Deus observando o que você está fazendo para depois cobrá-lo. O que existe são os arquivos acássicos no astral onde tudo é registrado, não para servir como documento, como prova de que você errou, mas porque tudo que você faz é perfeito, segundo seu grau de compreensão.

Portanto, o mal ou pecado é o que você guarda para si, como culpa, ódio, rancor, arrependimento, remorso, ciúme, inveja, desejo de vingança, apego às ideias da coletividade, traumas, medos fantasiosos, ou seja, tudo aquilo em que você se envolve emocionalmente de forma negativa. São os demônios interiores que você vai precisar aceitar e encarar para resolvê-los. É aquilo que pesa na consciência, como dizem, e o peso, lhe põe para baixo. Se morrer com esses pesos, serão eles que vão determinar seu nível no astral. Quem morre leve, continua leve. Só isso.

As leis contra ou a favor é você quem determina. Não há um código divino de conduta dizendo isso é pecado, isso não é. Quem inventou os códigos, as regras, foram as religiões. Tanto é que, o que é pecado ou imoral para uma cultura, para outra não é. Tudo é relativo.

Tudo é relativo. Não há nada absoluto, além da sua eternidade ou da própria lei. O resto é relativo. Uma resposta dada como certa hoje poderá não ser amanhã. Uma grande verdade espiritual que você tinha na infância hoje pode ser um grande absurdo, não é mesmo? O que é pecado para uns, para outros é uma liberdade, um grande prazer. Não adianta ter receita, não adianta ter regra, não adianta ter moral.

Se há um campo onde a relatividade se mostra evidente é o da moral. Moral é um conjunto de crenças, de valores estabelecidos num consenso por um grupo, naquela realidade deles. Um consenso é um acordo entre as pessoas para organizarem a relação social.

Toda realidade é um consenso social, grupal. A moral varia de acordo com o processo evolutivo da vida, e os valores se transformam com nossas experiências. A moral é relativa, pois depende da cultura de cada povo. Por exemplo, o árabe pode ter várias esposas, enquanto no Brasil é considerado crime.

Se você pertencer a um grupo cujos valores morais são rígidos, são agressivos para você, seu problema será grande. Você vai se sentir marginalizado. Isso já foi muito mais forte na humanidade.

E o que quebrou, o que amenizou essa rigidez? Foi o relativismo. "Olha, isso é sério." Depende. "Isso é errado." Depende. 'Isso é imoral." Depende. 'Isso é pecado." Depende. Tudo depende, porque o homem percebeu que um fenômeno qualquer contém muitas forças envolvidas.

É como a chuva. Há várias forças, várias variáveis no processo para que o fenômeno da chuva aconteça. Depende da pressão do ar, do grau de umidade, da temperatura. Se mudar uma dessas variáveis, obviamente muda o todo e a chuva pode não ocorrer, vir fraquinha ou em forma de tempestade.

A Ciência vive estudando isso. A Ciência não fala de causa e efeito. Fala de variáveis intervenientes. Então, ficam estudando, controlando uma variável pra obter determinado resultado.

Assim é a vida. Tudo está ligado e tudo interfere em tudo. Não existe um fenômeno, um fato isolado.[3]

Na infância, e mesmo na juventude, eu não aceitava a ideia de que Deus era infinitamente justo e sábio, se criava um filho sabendo que ele iria pecar e depois ser condenado pela eternidade por este pecado. Depois, aprendi que o ser humano tem livre-arbítrio e que depende de

---

[3] - do livro *Calunga revela as leis da vida*, dos autores Luiz Gasparetto e Lúcio Morigi, publicado pela Editora Vida & Consciência.

suas escolhas. Aí, piorou tudo. Deus, então, dá o arbítrio para a pessoa, mas sabia que ela ia escolher errado. Com que idade esse "livre-arbítrio" começa a funcionar? Na puberdade, já que as criancinhas são todas inocentes? Com oito anos eu já sabia de muita coisa errada. Tanto é que fazia escondido. Isso tudo era muito complicado e confuso para colocar numa panela e servir para todo mundo.

Não é nada complicado e nem confuso. É de uma simplicidade que até assusta. Primeiro, que ninguém é condenado pela eternidade, pois sempre terá uma nova chance, não para se redimir de seus pecados, mas para aprender a agir de forma mais inteligente, pois onde há ignorância há dor. Portanto, ninguém erra, só faz o que sabe. Segundo, esse Deus que condena não existe. Terceiro, o Diabo como concorrente de Deus também é uma invenção. Por fim, eis a simplicidade: Deus não condena nem absolve ninguém. É tão justo que deixa essa tarefa para cada um. Você é seu juiz. Se você se condenar vai precisar pagar, não para Deus, mas para você mesmo. Se não se culpar, estará absolvido. E mesmo que se condene, a justiça divina entende que você está na ignorância e um dia irá aprender a fazer de uma forma mais inteligente, e não se condenará mais nem sofrerá qualquer consequência. Por isso que tudo que você faz, Deus aplaude. Não há pecados, mas experiências para sair da ignorância. Em outras palavras, você é o legislador. O rigor da lei quem determina é você.

11
Leveza interior

Quero agora fazer um adendo ao capítulo 8 que fala sobre a importância de se ter uma cabeça boa. Não incluí no mesmo capítulo porque achei que este assunto merece um destaque especial, dada sua significância, tanto para você que está vivendo aqui no mundo material, como para quem passa a viver no mundo astral.

O exterior é o reflexo do interior. Se o interior estiver leve, sua vida externa também será leve. Se estiver pesado, a vida será agressiva na proporção do tamanho do peso. Isso é válido tanto para hoje como após a morte, porque você só leva o que tem interiormente. E o que é que pesa? O que lhe perturba a mente. O peso na consciência. Um dos maiores pesos chama-se culpa. Vou ajudá-lo a se livrar desse peso, caso você tenha.

Sabia que você nunca errou? Não, eu vou repetir: você nunca errou. Eu sei que você está estranhando e talvez até desvalidando esta afirmativa. Claro, você está habituado, porque aprendeu assim, a achar exatamente o contrário, se cobrando o tempo todo, sentindo-se inadequado, se comparando aos padrões preestabelecidos para ser aceito. Esse é o maior mal que você pode causar a si.

Vou fazer a pergunta de outra forma: sabia que você não tem culpa de absolutamente nada? Em outras palavras, você só fez o que sabia, conforme seu grau de conhecimento e consciência que tinha. É certo que hoje não faria novamente, porque aprendeu com a experiência. Ah, mas eu sabia e fiz de novo. Não sabia cem por cento. Podia saber noventa e nove vírgula nove por cento, por isso que fez de novo para aprender cem por cento e ter consciência total. Quem sabe cem por cento, não consegue repetir. Vou dar um exemplo simples: você sabe que sua vizinha, uma senhora idosa, saiu e esqueceu a porta aberta, e sabe também que ela tem dois mil dólares guardados na estante. Mais uma informação: ninguém vai ficar sabendo se você roubar o dinheiro. Você tem cem por cento de certeza de que não fará isso. Aliás, inclusive vai lá fechar a porta.

Por sua vez, seu vizinho, que mora do outro lado da rua, também tem as mesmas informações, mas tem o hábito de praticar roubos. Se ele não roubar, seu arrependimento será maior que a culpa por ter roubado. Ele não vai conseguir ficar sem roubar. No grau de conhecimento dele, ou de ignorância, ele não vai fazer o que ainda não sabe cem por cento: deixar de roubar. O vizinho também não sabe, não tem consciência, mas não tem culpa pelo que fizer, mesmo que sentir certa culpa. Ele ainda não sabe que não é errado roubar, porque o mundo precisa de ladrões, pois há pessoas corruptas, corruptoras e roubáveis que também estão na ignorância e precisam ser roubadas. A coisa é tão bem-feita que, se ele tivesse consciência de que não é errado roubar, como não é errado errar, já não saberia mais roubar, pois, como você, teria lucidez suficiente pra fazer coisa melhor.

Tudo está certo dentro do grau de consciência de cada um. Será responsável, mas não culpado. Primeiro, porque ainda não tem consciência total. Segundo, porque cada um é cem por cento responsável pelo que de bom ou de ruim que acontece em sua vida. Aquela senhora também é. Se for roubada é porque é roubável e precisa dos ladrões para roubá-la. Ela não se considera, não se apoia, não se ama e procura tudo isso nos outros, não diz não quando necessário, tudo são os outros, em suma, ela se desvaloriza e a vida lhe tira valores, porque a vida nos trata como nós nos tratamos e não como tratamos os outros. Então, a vida, na sua sincronicidade, junta os dois para aprenderem algo melhor e saírem da ignorância.

Agora, se ela for uma pessoa que tem posse de si, que se garante, sempre se põe em primeiro lugar, que está se lixando para a opinião dos outros, confia no seu espírito, o ladrão não vai conseguir roubá-la. De alguma forma a vida vai protegê-la, mesmo esquecendo a porta aberta, já que a vida a trata do jeito que ela se trata.

Quanto ao ladrão, como está tendo uma atitude ignorante, uma vez que a vida tem para todos sem precisar roubar, e onde há ignorância há dor, também precisa da dor para aprender. O espírito dele entende que o que ele fizer aos outros é importante e serve para ele. De alguma maneira ele vai responder pelos seus atos. Nosso espírito só segue o que mandamos ele fazer de acordo com nossas crenças e atitudes.

A dor não seria uma espécie de castigo? Não. Nem Deus, nem a vida, nem o espírito castigam ninguém, pois tudo está certo e tudo é útil porque, se não fosse, o próprio espírito não permitiria que aquilo ocorresse. Tudo, absolutamente tudo tem um propósito e uma utilidade, e tudo é experiência para cada um expandir a consciência e evoluir. A dor serve como estímulo para sairmos da ignorância, uma vez que não entendemos outra linguagem, a da inteligência. Onde há lucidez, inteligência, não há dor.

É necessário não confundir a ignorância nas atitudes com a ignorância de determinado assunto. Neste caso, quando queremos aprender algo, usamos a inteligência e vamos estudar, fazer cursos, ler livros, perguntar a quem sabe. Então, a dor não faz parte do contexto. No caso do ladrão e da senhora, a dor é fatal porque não há outra forma de aprendizado.

Para firmar ainda mais o conceito de que ninguém tem culpa de nada, veja a história das duas maçãs, contada pelo filósofo Sócrates, tirada do livro O *cientista de hoje*, que dizia que o ser humano não sabe errar:

— Veja que interessante, mãe. Estou lembrando de um texto que li certa vez, mas na época não entendi muito bem. Agora entendo-o perfeitamente. O título do texto era: *Sócrates dizia que o ser humano não sabe errar*. Nele, Sócrates faz a seguinte colocação: "Entre duas maçãs, uma colhida na hora, bela, suculenta, apetitosa, e outra meio murcha, colhida há uns dias, qual delas a pessoa sempre escolhe?"

— A colhida na hora, é óbvio.
— Não é tão óbvio assim.
— Como não? Pra mim é.
— Depende das circunstâncias em que você se encontrar. Se você estiver sozinha, obviamente escolherá a mais suculenta. Mas, se estiver acompanhada de alguém que deseja muito conquistar e, pra isso deverá dar-lhe de presente uma das maçãs, com qual das maçãs você o presenteará?
— Com a mais bonita.
— E com qual você ficaria?
— É mesmo, filho. Que interessante!
— Vamos supor, agora, que você tenha aprendido na Metafísica que a vida a trata como você se trata e não como você trata os outros, e que tenha tomado essa afirmação como uma grande verdade. Em idêntica situação, certamente você escolheria a melhor maçã, porque se escolhesse a pior a vida faria com que você não conquistasse a pessoa. Ou seja, o ser humano sempre faz o que mais lhe convém.
— Poxa, filho! Agora deu pra ser filósofo também?

— Mãe adora fazer isso pra ter a atenção dos filhos. Quantas vezes eu vi você pegar o pedaço menor ou pior, deixando o melhor pra mim. Ou, então, se tinha só um pedaço me dava.
— Fazia mesmo.
— E o que você ganhava com isso?
— Seu carinho, sua atenção, sua compreensão, sua admiração...
— Nada disso. Me lembro que eu sentia pena de você e às vezes pensava como você era boba. A criança não diz, mas pensa isso.
— Credo, filho! Você sentia isso?
— Mas você não errou, estava certa. Pra você, minha atenção era mais importante que o pedaço maior. Hoje, depois deste papo, provavelmente você vai escolher o pedaço melhor.
— Por falar em pedaço, vamos sair pra comer uma pizza?
— Só uma? Com a fome que eu estou...
— Mas, com uma condição.
— Tudo bem. Pode impor sua condição.
— Que o melhor pedaço seja meu.
— Está ficando espertinha, hein...

Assim, culpar-se não faz o menor sentido. Ninguém vai cobrar nada de você a não ser você mesmo. Deixe as culpas e os arrependimentos para quem precisa deles, porque eles têm sua utilidade. Uma pessoa muito ignorante que pratica atos violentos, por exemplo, a culpa e o arrependimento são o único meio de que dispõe para deixar de fazer aquilo. Ao alimentar sua culpa, o espírito dele entende que culpa é importante, que ele crê na culpa e, conforme já disse, somos o resultado de nossas crenças. Por trás da culpa também há a crença de que quem deve precisa pagar. Então, ele vai pagar para si mesmo. Por isso que as penitenciárias estão cheias de pessoas arrependidas. Foram elas mesmas que atraíram aquela situação pra si. Depois de cumprirem sua pena elas saem livres e até se sentindo dignas por terem pagado o que deviam.

A consequência da culpa pode não ser uma prisão. Aliás, é o que mais comumente acontece. As pessoas estão cheias de culpas, mas andam livres por aí, porém, com algo pior que uma prisão. Uma doença. Toda culpa alimentada se transforma em doença física. O mesmo acontece com a mágoa, o remorso, o ressentimento, a revolta, o ódio, o desejo de vingança, os medos fantasiosos, os chamados demônios interiores. Tudo isso pesa e a vida fica pesada. Se morrer nessas condições vai chegar ao astral num ambiente pesado, denso. Esse deve ser o papel das religiões. Fazer com que as pessoas se sintam leves interiormente para levarem uma vida leve e depois da morte também, e não valorizar o pecado, o castigo e os medos fazendo-as sentirem-se mais pesadas ainda com as culpas.

Erradique de vez suas culpas e cobranças, sejam do que forem. Com elas vai também qualquer espécie de arrependimento, de remorso, de ressentimento. Se você não tem culpa de nada, o outro também não tem. Libere interiormente os outros e todos os fatos e acontecimentos, pois foram necessários para seu crescimento. Desse modo, vão com eles também qualquer espécie de sentimento de vingança, de revolta, de mágoa, de ódio e todos os demônios interiores que prendem.

Portanto, procure se livrar do passado, deixando-o no seu devido lugar: lá no passado. Diga seguidamente para si, com convicção: não tenho culpa de absolutamente nada. Eu nunca errei. Era o que eu sabia na época. Tudo que fiz, tudo que faço e tudo que farei, foi, é e será perfeito. Só faço o que sei. O passado não é real, virou ilusão e não tem mais poder nenhum sobre mim.

Minha intenção ao escrever este livro, além de fornecer esclarecimentos a respeito da vida após a morte, para que você chegue ao astral numa boa e, por tabela, prolongar sua vida aqui com qualidade, é no sentido de desmistificar a morte. Aprendemos muita coisa errada sobre ela, fazendo com que seja cheia de mistérios e medos, tornando-a a coisa mais terrível que possa acontecer ao ser humano. Não, não é. Terrível é não morrer. Já pensou presenciar a morte de todos os parentes e amigos, sendo que você não tem mais nada a ver com as novas gerações?

A ciência, através da tecnologia, num futuro que acredito não muito distante, vai revelar as verdades do mundo dos mortos. Para que direção você acha que vai a evolução das comunicações? Vai captar imagens de outras dimensões, dos universos paralelos e um deles é o astral. Uma vez perguntei ao Calunga se um dia a gente vai sintonizar seu mundo. É lógico, respondeu sem titubear. Fiquei muito feliz porque meu livro, *O cientista de hoje*, trata exatamente do assunto. Veja dois trechos dele.

"— Por que ensinam errado sobre o mundo depois da morte?

— Porque não sabem. O que acontece depois da morte por enquanto as religiões tentam explicar a seu modo, mas é assunto da ciência, porque tem relação com frequência energética. Depois que a ciência descobrir, a religião acata. Você conhece a história do Galileu.

— Ele descobriu que era a Terra que girava ao redor do Sol e não o Sol que girava ao redor da Terra.
— E o que aconteceu com ele?
— Teve que negar isso pra não morrer.
— E hoje todo mundo aceita e a religião não interfere mais. Com o desenvolvimento da tecnologia, um dia a ciência vai descobrir um tipo de onda que possibilitará sintonizar o meu mundo.
— Verdade? Vai ser muito legal ver o que vocês fazem lá. Já pensou ver Jesus? Você já viu Jesus?
— Bem, isso é outra história. Jesus está numa frequência bem superior à minha, mais refinada, mais sutil. Comparando, é como o seu mundo e o meu. Nós conseguimos ver o mundo de vocês e vocês não conseguem ver o nosso. Entendeu?"

"Será uma total revolução nos conceitos morais, psíquicos, espirituais e religiosos. Haverá um avanço sem precedentes na História. As religiões que quiserem sobreviver terão que investir apenas no que lhes compete, deixando pra ciência o que ocorre com a morte, o pós-morte e com o nascimento, uma vez que se trata apenas de frequências energéticas diferentes".

Quando essa possibilidade se tornar real, já imaginou quanta ignorância será desfeita e, consequentemente, quanto sofrimento não será poupado? A tecnologia evolui não somente para facilitar a vida do ser humano, mas para trazer-lhe mais alegria e diversão.

Se você encarar tudo que envolve a morte e o pós-morte com lucidez, sem essas fantasias, deixando para a morte apenas o medo próprio que todo animal tem de morrer, que é necessário para a preservação da espécie, vai tratá-la de forma natural e vai poupar uma série de sofrimentos, tanto para quem vai como para quem fica.

Claro que, ao perder algo que eu preze, como um cão, um carro, um amigo, um parente, vou sentir sua falta. Nessa hora, chorar alivia e faz bem. O que não faz é o apego, o lamento. Enquanto o choro libera, o lamento prende e segura, e a energia trocada é tóxica. Depois, outra: a perda é circunstancial. Ninguém realmente morre. Só muda de endereço. No futuro, todos vão se encontrar novamente no astral, vão comentar e rir muito desse drama espetacular que é a passagem pela matéria, incluindo a morte. Todos nós viemos para cá para fazer um curso. Terminado o curso, voltamos para casa. Assim é que, ao reencarnarmos, já temos a passagem de volta comprada. Só falta o espírito marcar a data.

Você é perfeito de acordo com seu grau de entendimento, de evolução, de conhecimento.

Você ainda não sabe fazer cem por cento o que ainda não aprendeu cem por cento. Por isso, jamais se cobre de absolutamente nada. Fique sempre a seu favor. Lembre-se de que o único juiz é sua mente. Ninguém o está julgando por fazer ou deixar de fazer isso ou aquilo, e ninguém vai cobrá-lo a não ser sua cabeça.

"...sede vós perfeitos como perfeito é o vosso Pai que está nos céus." (Mt. 5,48). Ser perfeito não é seguir determinadas regras e leis que os outros inventaram. Ser perfeito não é ser certinho. Ser perfeito não é ser perfeccionista. Ser perfeito é respeitar sua individualidade, suas vontades, seu jeito de ser que é único no universo, porque você é a extensão do seu Pai que está no céu, que nunca erra. Isso é pureza. Isso é leveza interior.

Faça isso que, quando seu espírito marcar a data da volta para casa, você vai feliz, livre, leve e solto, com a sensação de ter passado no curso com louvor, e tenho certeza de que você vai fazer uma viagem simplesmente maravilhosa. A viagem mais fantástica da sua vida.

12
Um papo com o Cachoeira

O Cachoeira é um grande sábio e um grande amigo do astral, que trabalha através do médium Helton Villani que, assim como o Calunga através do Gasparetto, fez-me o favor de transmitir informações valiosas que serviram para escrever este livro. Pelo menos uma vez por semana a gente se reúne para fazer diversos trabalhos espirituais que têm contribuído muito para a expansão da minha consciência, e que agora tenho a satisfação de passar algumas dessas informações a você.

Eu precisava dar mais exemplos de tipos de morte e de como as pessoas chegam ao astral em cada caso, uns já descritos no capítulo 8 — Morrer com a cabeça boa e tipos de morte — assunto abordado neste papo, voluntariamente proposto por ele.

Ninguém morre sem que o espírito não queira. Não adianta. Pode tomar veneno, cortar os pulsos, pular do prédio. Mas, se o espírito entender que a vida fora do corpo material é o melhor para pessoa, provoca-lhe uma queda boba que bate com a cabeça na guia e morre. Ninguém se livra da morte por sorte e ninguém morre por azar. Ninguém está no lugar errado. Tudo acontece no momento exato que precisa acontecer. Nessa hora, me lembrei do caso do piloto de Fórmula 1, Michael Schumacher, que passou mais de vinte anos com a vida por um fio, e praticamente a perdeu numa diversão, esquiando.

Muitas vezes o próprio sistema da pessoa faz com que ela sofra um acidente e desencarne, que é uma forma rápida para ela se desprender do corpo e lidar com o desapego. Chegando ao astral vai ter assistência e deverá exercitar para agilizar o processo dela. Então, a morte súbita, faz com que chegue lá mais confortável com a situação, facilitando muito seu processo.

A pessoa, por uma distração consciente, boba, tipo, atendendo o celular dirigindo a 100 quilômetros por hora, ou olhando por um segundo para o lado, comete um acidente e morre. Quando chega ao astral vai se dar conta do valor que tinha a vida que perdeu. Então, ela fica muito tempo se recuperando por conta do arrependimento, inclusive fazendo cursos até tirar aquilo da cabeça. Só assim ela melhora.

Lá tem centros de pesquisa, de estudo, de assistência psicológica, mas nem para todo mundo é permitido o esquecimento de algumas coisas, porque alguns ainda precisam daquela experiência para avançar. A dor da culpa e do arrependimento é terapêutica para quem ainda não entende outra linguagem. No astral não se acredita em sofrimento, mas em experiência, pois a dor serve de estímulo para o desenvolvimento, o chamado desenvolvimento prático.

Há três tipos de desenvolvimento: o teórico, o existencial e o prático que a gente chama aqui de sofrimento. O desenvolvimento teórico é o que chamamos de inteligência, pois a pessoa evolui através do conhecimento, e o existencial é a soma do teórico e do prático.

Há outro tipo de morte trágica em que a pessoa está envolvida, mas não atua para provocar o acidente, por exemplo, num voo em que o piloto comete algum erro, ou devido a uma falha mecânica, o avião cai e morre todo mundo. Vocês têm a mania de dizer que é carma coletivo, que todo mundo está em sintonia com o mesmo padrão energético, ou que cultuam as mesmas crenças, mas tudo isso é besteira. Sempre têm que achar uma justificativa para a morte.

Para a espiritualidade não faz diferença nenhuma estar vivo ou morto. Ninguém realmente morre, mas muda de endereço, porque somos eternos. A morte é apenas um acontecimento como outro qualquer, como um casamento, uma formatura, uma viagem, como já foi dito.

Se o espírito da pessoa entender que é mais funcional para o desenvolvimento dela ficar mais algum tempo na matéria, ela sobrevive ao acidente aéreo. Não há diversos exemplos de passageiros que sobreviveram à queda de avião?

Ah, mas eu tenho minhas ligações, tenho pessoas para cuidar, não posso morrer agora, é uma injustiça, muitas pessoas vão ficar sofrendo pela minha morte. Não, elas estão em desenvolvimento prático. A vida nunca desampara. Apenas não leva em conta estar vivo ou morto. O fim nada mais é que um processo natural. Aliás, o que chamamos de fim é apenas uma transformação para algo novo, pois nada termina, mas tudo se transforma. Todos os astros, incluindo o sol e a terra passarão por esse processo.

Quando você morre aqui, nasce lá. Quando você morre lá, nasce aqui e vai repetindo esse processo na sua vida, porque a repetição é a mãe do conhecimento. Toda bagagem de conhecimento vai sendo arquivada. O pessoal diz que você se esquece de tudo, mas não é bem assim. Você nasce sem ter a consciência do que já sabe e na própria encarnação vai só despertando o que já aprendeu. Por isso, há crianças que são tidas como prodígios. Dizem: olha que dom tem essa criança! Você morre, morre, morre, nasce, nasce, nasce para perceber a vida, a eternidade da vida.

Quem morre num acidente pode ver seu corpo físico morto, ou não. Depende. Cada caso é um caso. Para as pessoas muito apegadas ao corpo é terapêutico vê-lo todo destruído, pois vão chegar ao astral convictas de que morreram e de que estão precisando de um novo corpo, então fica mais fácil o processo da passagem. Todavia, sempre leva algum tempo até entenderem tudo aquilo.

Há pessoas que, com o susto, milésimos de segundos antes de acontecer a tragédia, já são transportadas para o astral e nem ficam sabendo do acidente. Então, levam anos para entenderem que morreram num acidente e sequer conseguem se comunicar com os parentes mortos.

Quando um recém-nascido ou uma criança que ainda não tem consciência da vida na matéria morre, ao chegar no astral vai assumir a forma física que tinha antes de reencarnar, ou seja, adulta, com a cultura que tinha, pois as impressões da vida anterior e do tempo que passou no astral preponderam sobre as que teve no curto tempo que passou encarnada. A relatividade do tempo e espaço no astral é mais evidente que aqui a ponto desses inexistirem. Lá todo mundo tem a mesma idade porque o espírito é atemporal. Há o formato físico de criança se a pessoa assim desejar, assim como a aparência de jovem, meia-idade ou ancião.

Em todas as vezes em que encontrei meus pais em viagem astral, sempre os vi muito mais novos do que quando morreram. Minha mãe com uns 35 anos, ela morreu com 64, e meu pai com 50, sendo que morreu aos 80 anos. Então, uma pessoa que morre com 100 anos de idade, provavelmente vai chegar lá e encontrar sua mãe muito mais nova a ponto de nem reconhecê-la. O Calunga me disse certa vez que, quando eu morrer, nem vou reconhecer minha mãe de tão jovem que está, inclusive vou ficar com ciúmes porque ela está namorando...

Pelo fato da coesão entre os átomos e as moléculas no plano astral serem menos fortes, tornando a matéria menos densa que aqui, tanto é que também é chamado de mundo etéreo, a força do pensamento age com mais facilidade, uma vez que a matéria tem mais plasticidade. Assim, as pessoas podem adquirir o formato que quiserem, na idade que quiserem. Isso para quem tem consciência dessa habilidade. A Naná, uma sábia que de vez em quando incorpora o Gasparetto, e que nos dá palestras espetaculares, disse às mulheres presentes: vocês não imaginam como é fácil e rápido eu me produzir aqui para ir a uma festa, ao teatro, ou a um evento qualquer. Vou no espelho e em menos de um minuto me torno a mulher mais deslumbrante que eu quiser. A mulherada delirou. Os homens e gays também.

O Calunga disse, num curso que ministrou aos Filhos da Luz, ao qual me incluo, que certa vez se encantou com a beleza de uma criança que passeava no jardim e foi ter com ela para bater um papinho. Qual não foi sua surpresa ao perceber que se tratava de um sábio maior que ele. O próprio Calunga prefere manter a aparência da última encarnação, de preto, com terno bege e andar descalço, à forma física que tinha na encarnação anterior, quando viveu na Suíça e era loiro de olhos azuis. Na última encarnação, ele viveu em Minas Gerais e morreu aos 54 anos de meningite, no início do século passado. Já o encontrei numa viagem astral e pude comprovar sua aparência.

Cada um tem seu teatro, diz o Cachoeira. A gente vive, trabalha, quer conseguir isso, aquilo, deste jeito, daquele. A gente sempre quer se impressionar ou impressionar alguém. O teatro da morte também é para impressionar. Ah, mas eu acho que minha família não dá a mínima para mim. Então, a pessoa morre naquelas condições horríveis, uma morte violenta, assustadora. É como se fosse uma espécie de vingança. Assim, todo mundo se sente arrependido, com remorso. Passado o teatro da morte, o que a vida conseguiu provocar? Alguma mudança no sentido da vida. A vida sempre ganha, porque o remorso, a culpa têm a função de cura.

Desse modo, a finalidade da morte, além de tudo, também é de afetar quem está ligado espiritualmente com as pessoas. Pode servir de peso para os outros como pode servir de alívio.

A pessoa que morre numa troca de tiros, num assalto, por exemplo, se não subir para o plano astral rápido, vê toda a cena, inclusive seu corpo no chão. O povo está muito envolvido na coisa de fazer justiça. Então, a justiça é uma das leis cósmicas muito fortes no astral. Ao chegar ao astral, esse indivíduo vai ser tratado, pois acha que tem que roubar porque se sente um injustiçado. Ele matou e morreu porque fez justiça. Assim, ele vai para um centro para estudar as leis de justiça. Antes, porém, passa por uma triagem, depois é levado a um hospital para fazer limpeza e remover todo o peso energético, tempo este por volta de três meses. Sabia que, quando a pessoa chega ao astral perde cerca de 30 quilos de carga energética?

Perguntei ao Cachoeira se devido ao mundo denso em que estava envolvido por ocasião da morte, ele não cairia no umbral. Fiquei surpreso com a resposta: não. Está havendo uma nova ordem no tratamento das pessoas que morrem nesses estados, porque não é mais eficiente a forma tradicional de deixá-las cair no umbral sem assistência.

Na evolução natural do planeta, a tendência do umbral é desaparecer, porque o umbral nada mais é que formas-pensamento sendo alimentadas. Como a Terra está evoluindo, passando de um planeta de expiação para um planeta de reprogramação, regeneração e realização, o astral também precisa mudar. A evolução do astral segue a evolução do mundo material e vice-versa.

A existência do umbral não faz mais sentido. O que a pessoa fez nesta vida é muito pequeno para influenciar a forma de como ela chega ao astral, considerando a linha do tempo dela desde o início de sua existência como consciência na matéria, e os propósitos do espírito dela.

Na inteligência da vida, nas engrenagens da vida, é necessário que nasça uma pessoa para matar dez. É necessário que nasça uma pessoa para inseminar vírus, roubar, porque não há vítimas. Há pessoas, no seu grau de ignorância, precisando passar por determinadas experiências densas para atender aos propósitos do espírito delas.

Tudo isso faz parte das funções da vida. Há os astrais de funcionamento para as encarnações. É doloroso para uma pessoa que foi muito piedosa numa encarnação e, chegando ao astral, recebe a missão de encarnar como assassina. Então, ela é conduzida para um astral de treinamento e lá é necessário ser colocado nela memórias ruins. Ou seja, ela passa por dores, ela passa por tudo para que possa encarnar com toda essa energia pesada, pois precisa ter justificativa para seguir seu caminho.

Sem dúvida que essa pessoa vai ter uma existência na matéria muito densa, mas é circunstancial. Uma encarnação é circunstancial perante a eternidade. É um curso que ela está fazendo, depois volta para casa e vai se sentir orgulhosa de ter feito um bom curso. Portanto, não faz sentido alguém que tenha vindo para a matéria, que tenha desempenhado seu papel com responsabilidade e eficiência, não importa o teor do trabalho, volte para o astral e vá para o umbral ficando ao deus-dará. Do ponto de vista da espiritualidade, não há bem e não há mal, mas o funcional.

Muitos ateus quando morrem continuam ateus. A morte não muda em nada suas convicções.

Pode mudar por outros motivos, mas não porque morreram. É como aqui. Se um brasileiro, que não acredita em Deus, viajar para lugares sagrados de outros países, pode voltar ainda mais convicto de suas crenças e achar tudo aquilo uma babaquice. A vida astral não é religião, é passagem. O ateu chega ao astral e vai dizer: não falei que não tem vida após a morte? Estou vivo. Não é apropriada a expressão "vida após a morte", porque ninguém morre. Existe a eternidade.

Essa visão de intervalo de que acontece uma coisa depois outra é só para organizar nossa cabeça, senão ficaríamos pirados. Precisamos mudar a impressão da morte como se fosse uma data de casamento. Antes da data da morte e depois. A morte é tão natural como qualquer outra coisa. Perguntei ao Cachoeira como chega ao astral uma pessoa cega. Muito bem, respondeu. Aliás, melhor que muitos com a visão perfeita, pois a impressão dos olhos é a mais forte de todos os sentidos. Essas impressões o cego não carrega para o astral, embora seus outros sentidos sejam mais aguçados. A cegueira é uma coisa estética do corpo e ao morrer ela fica com a visão normal.

No astral o pensamento é matéria e tem peso, então você só consegue pensar coisas que existem e o processo é instantâneo. No mundo material de vocês também é assim, só que leva tempo. Absolutamente tudo que foi feito no planeta passou pelo pensamento de alguém. Quem pensa, materializa. Quando vocês pararem com a cegueira das coisas, vocês enxergarão infinitas fontes de riqueza nesse universo e começam a trabalhar com elas.

Quem tem medo de morrer é porque tem medo de viver. Este livro serve para quem tem medo de morrer. Se você tem medo de morrer, fez muito bem em comprar o livro, pois quero que perca seu medo de viver. A sabedoria do viver é levar consigo só o que foi bom. Ah, tive um relacionamento assim, assim. Guarda pra si só o que foi bom. Ah, eu tinha um emprego e saí. Guarda só lembranças boas.

Perguntei qual era o melhor tipo de morte. O Cachoeira respondeu o que todo mundo já sabe: dormindo, mesmo porque dormir é como morrer. A única diferença é que no vivo, ao dormir, o corpo astral fica ligado ao corpo físico pelo cordão de prata, enquanto sai por aí em viagem astral.

Fiz perguntas particulares ao Cachoeira, não apenas pra satisfazer minha curiosidade, mas porque se trata de fatos reais, de uma pessoa que teve uma vida comum como a de qualquer um, e assim suas respostas acabam nos fornecendo detalhes riquíssimos e esclarecedores acerca da morte e da vida no astral.

— Cachoeira, como você morreu?

— Eu arrumei encrenca com o povo e aí mandaram me matar. Eu estava no meio de uns fazendeiros onde tinha muita disputa de terras. Eu morava numa fazenda em Minas Gerais, lá no norte, quase Bahia. Eu era curandeiro e era muito respeitado na minha fazenda. Aí, o povo da outra fazenda mandou me matar — não disse se era devido ao seu trabalho, mas tudo indica que sim. Pela minha ideia do que era justo eu queria fazer um pouco de justiça, e aconteceu que a justiça acabou comigo, né? Ela se fez por si. Caí numa emboscada, me pegaram de noite e aí me mataram na base da facada. Eu cheguei aqui meio esquisito, meio tonto, mas cheguei.

— Depois que morreu, você viu seu corpo?

— Vi tudo.

— Você percebeu que estava morto?

— Vi depois. Na hora não. Depois das facadas ainda demorei um pouco. Eu morri quando comecei a perder muito sangue. Começou a faltar sangue no meu organismo e eu comecei a morrer.

— Você saiu do corpo?

— Não. Ainda não. Como eu já era meio vagabundo de longa data, falei pra mim: eu me entrego.

— Já tinha uma sabedoria aí dentro, né?

— Já. Eu me entrego e fui para o astral.

— Como você chegou lá?

— Lá encontrei um grande amigo, o Zalu, que me ajudava a fazer os trabalhos de magia antes de morrer.

— Ah, o mago Zalu, aquele que também incorpora o Helton?

— Sim. Aí que a gente foi fazendo tudo, e eu ainda estava um pouco nervoso.

— Foi com um pouco de revolta?

— Foi com um pouco de revolta que eu percebi que tinha morrido, mas mesmo aqui, eu perturbei todo mundo que estava encarnado que me matou.

— Por muito tempo?

— Até todos eles se suicidarem. Aí, chegaram aqui e foram trabalhar comigo. Por isso, eles dizem que devem muito para mim. Um deles é o Seu Sete Encruza, o outro é o Zé (esses dois também incorporam o Helton). Foi assim que fomos formando a família espiritual.

— E hoje são amicíssimos?

— É claro. Está todo mundo na mesma energia.

— Olha, que maravilha! Eu já disse no livro e agora você está comprovando isso, que geralmente o assassino morre algum tempo depois do assassinado, e quando se encontram nos astral ficam muito amigos.

— Ficam, porque, de uma forma ou de outra, a gente estava quite. E, naquela época, o povo que vinha da Bahia era muito justiceiro, e assim que vieram trabalhar comigo, começaram a estudar para ver como era o processo, pois todos esses encontros, desde os trabalhos de magia, a gente já estava ligado, desenvolvendo um trabalho juntos. Então, todas essas mortes que aconteceram, todo esse ciclo que se formou de desencarne, a formação desse grupo espiritual já estava em andamento. Por isso, que eu tenho muita intimidade com o Zé. A gente brinca muito, tira um sarro um do outro. A gente é amigo até depois de se matar e hoje a gente morre de ri disso tudo. Então, tem todo esse trabalho com o Zé e com seu Sete Encruza. Ele não tem esse nome, o nome dele é mais complicado de falar, é Aclabur.

— É um árabe?

— É um árabe. Ele faz esses trabalhos porque quando estava vivo, escondia o corpo das pessoas. Escondia e enterrava. Só ele sabia onde estavam os corpos. Tinha todo um ritual para enterrar as pessoas. Então, continua trabalhando aqui porque ele tem muita facilidade. Muitas pessoas que ele enterrou estavam vivas, eram amarradas e enterradas e tudo mais. Assim, quando a gente faz trabalhos eu mando para o seu Sete, mando ele amarrar e tudo mais.

— Foi uma grande escola.

— Ele tem muito embasamento para fazer o que ele faz. Da mesma forma que o Zé, é muito justiceiro. Por isso também que o Zé sempre gosta de mexer com o processo das coisas, porque nas últimas encarnações ele foi baiano e vivia pra lá e pra cá de facão e matou muita gente. Inclusive foi ele que me matou. Mas como ele tinha um coração muito nobre, muitas pessoas que ele recebia ordem para matar, ele sumia com elas e não matava. Depois que essas pessoas morreram, vieram trabalhar com ele, pois sentiam que deviam pra ele. Por isso que ele tem sua falange de exus.

Foi assim que foi se fazendo a família dele, até que eu comecei a tomar conta dos mensageiros da luz, que foi um cargo a mais que me foi passado. Assim, a gente vai divulgando as mensagens, mas sempre levando as pessoas para a espiritualidade verdadeira, sem religião, sem os dogmas, sem isso do que é certo ou errado, sem essa bobeira toda. Só queremos tirar o embaço dos olhos de vocês para conseguirem ver aquilo que está nas suas testas e não estão vendo. Então, a maioria das coisas da sua vida só está aí porque você não está vendo e não sabe por onde sair.

— Cachoeira, uma vez eu perguntei de onde você vem e para onde vai quando incorpora o médium. Você, então, disse que se fosse para vir com uma nave espacial demoraria milhares de anos. Você está num outro universo?

— A gente está em outra dimensão, nas dimensões paralelas, num grupo de cinturões de dimensões.

— Mas é o mesmo universo que se originou do *big bang*?

— Não, porque esse universo de vocês é espelhado. Vocês estão num universo baseado em espelho. Vocês acham que o universo é infinito. Realmente ele é muito grande, mas tem vários lados e um lado espelha o outro, mas é um espelho que, quando você chega de um lado, sai do outro. Por isso que tem a impressão de que ele é infinito. A gente está em outro universo.

— E você vem pelo pensamento? Quando o Helton quer te chamar, como você recebe a notícia aí?

— Não, meu filho. A mesma matéria que sou eu, é você, é tudo. A gente só faz comunicação através da matéria básica. Mas, eu só consigo fazer isso porque eu tive vida aqui na matéria. Por isso que ninguém incorpora extraterrestre. Pode ver, mas não incorpora. Eles não tiveram vida aqui.

— A Mirian disse que o ET que trabalha com ela é um azul. Ele não teve nenhuma vida aqui?

— Não. Ele é do grupo medical que vai vir para cá. Está sendo chamado para vir porque eles sabem a cura de tudo. Só que a gente quer que seja mais rápido no tempo de vocês, claro. A ideia é que o astral daqui fique igual ao astral daí.

— Você tem uma rotina de trabalhos no seu astral, não tem?

— A gente tem tarefas. A gente pode parar uma para começar outra. Depende da palestra que exige mais atenção, porque aqui também as coisas não são muito organizadas. A gente acha que vai ser de um jeito, mas não é.

— Então, Cachoeira, você está aí no seu dia a dia e o Helton (médium) está aqui. Ele se concentra e aí como se verifica o processo de incorporação?

— Na hora em que ele abre o canal de incorporação, como sou só eu a entidade que trabalha com ele, eu já sei.

— Como você capta uma mensagem dele?

— Sim, a gente tem uma comunicação.

— Aí você vem na força do pensamento?

— Sim.

— Você pensa e chega aqui?

— Veja só. Aqui, a gente vê as coisas com uma certa antecedência.

— Ah...

— Isso é mais complicado de explicar. Vocês vibram numa velocidade que para gente aqui é devagar. Uma hora antes de eu chegar para falar com vocês, eu já estou sabendo de tudo.

— Ah, Cachoeira, então, se eu te chamar do nada às três horas da manhã você vem? Não tem nada pra fazer às três da manhã?

— Depende. A ajuda é a hora em que você toma consciência de que não tem poder de agir e você dá o seu espaço para alguém atuar em você.

— Beleza. Então, há uma discrepância entre os tempos de lá e daqui.

— O nosso campo de vibração, como posso explicar? Sabe, rádio FM? A onda da rádio FM vai numa vibração, numa velocidade e a de AM vai em outra velocidade. Tem um intervalo. É mais ou menos assim.

— Que maravilha essa informação científica, hein?

— Tudo é embasado na ciência.

— Como é a sua viagem de lá até aqui?

— Para mim é a coisa mais simples do mundo. Eu estou aqui. Onde está o canal que está me chamando? Eu vou pra lá, chego e fico do lado.

— Mas, como é que você chega? Não tem espaço?

— A gente tem o poder de mudar de dimensão. Como a gente sabe que vai ser aberto o campo, a gente vai mais cedo. Já tem gente mais cedo para estar lá, para trabalhar o ambiente, para trabalhar o médium. Antes de incorporar, o médium já fica mais esquisito, já está mais assim, depende do que é.

— Agora você está aqui, lá no seu serviço, onde você vibra, sabe o que está acontecendo ou não?

— Sei de tudo.

— E ao mesmo tempo está aqui?

— Sim.

— Pronto!

— É como se eu tivesse uma televisão com vários canais, e a gente tem o poder de fazer várias coisas. Posso estar aqui com você, mas posso estar trabalhando em outro lugar também. Esse negócio de que você é um é bobeira. Você é tudo.

— Ai que maravilha!

— Na hora em que você fica feliz, você influencia tudo ao seu redor, até o seu vizinho.

— Essa informação agora me caiu o queixo!

— Facinho. Como eu sou abençoado de tomar um café! Que vida boa que eu tenho! Aquela energia sobe e às vezes seu vizinho está até pensando em se suicidar, ele fala, vou dar mais um tempo. Ele não sabe de onde veio isso, mas foi você. Por isso que você tem que emanar bastante alegria, prosperidade, saúde, paz e parar de reclamar tanto, parar de ter preguiça, parar de querer justiça. Quanto mais você emana, mais recebe as coisas emanadas. Quando estiver perto de uma pessoa muito rica, diga: ai que bom! Que coisa boa essa pessoa! Ai que delícia! É uma energia de poder. Ela está conectada com o universo de poder, de posse, de tudo, e você pode se conectar.

Tem gente que gasta todo o dinheiro com os parentes. Ai que coisa mais feia! Ah, se eu ganhar na loteria vou ajudar meu pai, minha mãe, meus parentes! Se eu ganhar na loteria vou esfregar na cara deles. Olha, coitados dos meus parentes se estiverem esperando se algum dia eu ganhar na loteria eu vou dar alguma coisa para eles... Eu vou dar é porcaria nenhuma! Vou dar é muito motivo de inveja. Os livros estão aí, as informações estão aí, eles que aprendam. Eu também já passei dificuldades. Todo mundo já enfrentou.

A pobreza faz a pessoa se desenvolver. É o desenvolvimento prático. Eu é que não vou tirar esse aprendizado maravilhoso da vida delas!

Quando a pessoa nasce ela vai ter que enfrentar seu ego. O natural do ser humano é achar que ele vale mais do que o outro. Ah, porque eu sou melhor do que isso, melhor do que aquilo, para ele se sentir bem perante os outros, mas não é. É tudo igual. É a mesma experiência, são as mesmas dúvidas. Se vocês ouvissem o que cada pessoa pensa, iriam achar o mundo tão banal.

Então, a experiência de morte, o processo da morte, porque a morte começa logo que você nasce, vai fazendo a pessoa perder o medo de morrer.

— Existe morte programada?

— Não. Ah, a pessoa vai morrer em tal ano. Não tem nada disso, mas se ela quiser morrer em tal data, ela morre.

— Tem alguém lá em cima controlando?

— Não tem, mas o espírito da pessoa sabe.

— Há um limite de pessoas para morrer?

— Não, porque o limite astral é 10 milhões de vezes maior que aqui. Pode morrer todo mundo numa tacada só, que tem gente pra cuidar de tudo aqui. Nascer já é um pouco mais complicado.

— Tem menos vagas, né?

— Tem umas vaguinhas aí e tudo mais.

— Você ainda tem seus medos?

— Pra que medo? Vocês têm medo de tudo.

— Exatamente o que eu quero passar neste livro é tirar os medos ilusórios sobre a morte.

— Pra que ter medo de morrer? Quando uma pessoa diz que está com medo de morrer, é porque ela não está vivendo a plenitude dos seus dons. Uma coisa é medo de morrer, outra coisa é o instinto de manter-se vivo. Este é a força da vida. A força da vida está aí. Com a força da vida, tem gente que levanta um carro pra salvar alguém que está embaixo. Gente que caiu no rio e não sabe nadar, no instinto conseguiu nadar e se salvou. É a força da vida. O outro tomou oito tiros e não morreu. A força da vida é uma força muito grandiosa. É que a morte foi colocada em algumas crenças como algo muito mórbido e, com esse julgamento, tudo que se fez pelas religiões, que a pessoa que vai morrer vai acabar, que ela vai encontrar o diabo, que vai para o inferno, que vai para o céu, isso não existe.

— Ah, a pessoa não pode morrer e ir para o umbral? Olha, pra falar a verdade, o umbral não está mais funcionando. Ah, Cachoeira não tem umbral e essas coisas assim? Olha, não chama mais de umbral. Mas, como assim, Cachoeira? Acabou o umbral. Hoje está tudo institucionalizado. Cada uma das religiões que perpetuam para cá, tem o seu local de treinamento e tratamento de alma que está se sentindo perdida. Ah, então se a pessoa se suicidar ela vai para o umbral? Olha, dependendo das crenças dela, ela vai para um centro de recuperação. Ah, mas não é aquele negócio que fica eternamente na escuridão? Não. Não funcionava. Dá muito trabalho manter aquilo lá muito escuro. O universo é só luz.

E a pessoa, como é que faz se ela está perdida? A pessoa morreu, tá capetada, chega aqui ela vê que a vida é eterna, ela vê todo mundo, vê tudo funcionando, tudo bonito, tudo mais novo, num segundo ela já está curada. Ah, mas ela quer fazer mal. Pra quem? Num certo ponto da humanidade foi útil que se fosse mexido em vidas passadas. A humanidade estava no começo, estava muito recente, com muito pouco conhecimento. Ah, então, na vida passada eu matei muita gente, então nessa vida preciso pagar. Isso fazia diferença naquela época. Hoje que vocês são bilhões de pessoas aqui neste planeta, com informações que de uma em uma hora o mundo praticamente dobra o conhecimento e tudo mais, não tem mais porque tratar o assunto daquela maneira. Ah, porque na vida passada eu enforquei não sei quem, por isso que nesta vida eu tenho falta de ar. Não tem nada a ver. Você pode até ter enforcado, mas nada a ver.

— Mas, se ela acreditar que tem?

— Vai no psicológico dela. É só mudar o psicológico que ela se cura. Ah, eu tô com obsessor desde a outra vida. Não, não começa. Isso são informações que você não vai ter em lugar nenhum.

— É coisa nova, tô vendo. Acho que vou ser o primeiro a dizer isso aqui na Terra. É um dos maiores furos de reportagem de todos os tempos (risos).

— A espiritualidade está trabalhando e fazendo umas mudanças, porque a gente não gosta de preguiça, e a hora que o povo começava a se justificar, ah, porque eu tô assim, minha vida tá assim por conta de uma vida passada, por conta de karma, ou coisa assim, vivia a vida um terror, chegava no astral tinha que passar por muita escola para entender. Aí, a pessoa caía naquele negócio de angustiada, revoltada, arrependida de tudo, então não estava funcionando também.

— Não estava sendo mais eficiente.

— Porque aqui a gente tem o poder de transformar o espaço de tempo numa coisa muito curta. Então, não faz diferença se a pessoa ficar aqui 100 anos sofrendo, purgando por coisas, maldades dela, que isso não existe, minha gente. Mal ou bem está aí, tá no mundo. Não sabe se é bem ou se é mal.

— O que é mal para um é bem para o outro.

— É tudo relativo.

— O assassino precisava matar porque o outro precisava morrer, ué. Então foi um bem que ele fez.

— Se um maluco de um meteoro louco passar aqui e destruir a Terra? Pra todo mundo vai ser mal, né? Ah, o meteoro acabou com a gente! Ele fez o trabalho dele. Vai vir o meteoro aqui para o umbral? Não vai não, não tem lugar pra meteoro aqui não. Cada um está fazendo o seu trabalho? Está, então segue. O universo é regido por sérias e incrivelmente exatas engrenagens.

— Perfeito, né?

— Tudo está perfeito, e quando a pessoa se alinha com o tempo das engrenagens, a vida dela segue. É o que eu falo. Não há conflito naquele que está onde precisa estar e fazendo e o que precisa fazer. Daí começam todas as doenças, daí começam todos os processos de desencarne que vão levar as pessoas à morte.

— Como a pessoa chega no astral devido a um afogamento?

— A pessoa que chega ao astral devido a uma morte por afogamento, seja por suicídio, por acidente ou por homicídio, vai precisar passar por um processo de readequação à vida, porque é um tipo de morte muito impressionante. Dependendo de como é, ela consegue enxergar todos os processos, de como vai se desligando o corpo, de como vai inchando, até a hora em que o corpo dela começa a produzir gás e boiar. Gente que morre afogada fica gordo, inchado, e isso impressiona demais e vai ter pavor de água, mas é tudo da cabeça dela. Por isso, necessita de muito tratamento psicológico.

Ninguém vence a força da natureza. Falar que estão destruindo o planeta não é verdade. Na hora que quiser, ele bota ordem na coisa e se regenera inteirinho, como já ocorreu na sua vida de bilhões de anos. Dizer que estão poluindo demais, que está esquentando demais? Bobagem. A Terra já foi um inferno e já foi uma geleira só. Ah, porque está derretendo o gelo. Gente, vocês querem que o gelo fique lá para o resto da vida? Ah, não sei porque aquela espécie foi extinta. Está certo. A Terra, na hora que quiser ela mata o que ela quiser. Tem descendentes de dinossauros que estão até hoje aí, como os jacarés, as tartarugas, as galinhas.

Toda morte em que a pessoa enfrenta uma força da natureza, uma coisa em que precisa lutar muito, como num afogamento, é uma limpeza brutal no sistema dela, na relação da vida que ela tem, não só com sua natureza, mas com a natureza em si. Aquilo vai ser tão traumático que ela não vai esquecer tão fácil. Ah, eu tenho medo de água. É porque você sabe que a força da natureza é mais forte que você e por isso a respeita.

A força mais poderosa da Terra é a água. Por isso que se benze a água e toma. Por isso que a água está em tudo, o ar está com água. A primeira coisa que o cientista procura num outro planeta é água, porque onde há água, há possibilidade de vida.

— E quem morreu queimado, como chega aí?

— Para quem morreu queimado é a mesma coisa, só que em vez de faltar ar lhe faltou água.

Qualquer processo de combustão é encerrado assim que faltar o oxigênio. A combustão precisa de oxigênio, e a água tira o oxigênio, por isso que o fogo apaga.

Na morte por fogo, a pessoa vai chegar ao astral, primeiro muito assustada, depois ela vai querer muito refazer seu corpo, porque ela tem a impressão de que ficou sem corpo. Ela chega com o corpo astral, mas a sensação de não ter corpo é uma ilusão. Ela vai ser conduzida para um hospital e lá vai ser curada, inclusive psicologicamente, até restabelecer o corpo que para ela não existe.

Do jeito que a pessoa nasce, se tem uma cara bonita ou feia, no astral a pessoa também vem com a aparência do corpo de acordo com que ela pode ter, até o dia em que ela consegue manipular a matéria para trocar de cara, trocar isso, aquilo, ter uma face nova, uma beleza, um corpo que para ela signifique algo.

— Se as pessoas levam para o astral apenas suas crenças, atitudes e valores interiores, como ficam aqueles adeptos das religiões que pregam que depois da morte todos ficam dormindo até o juízo final?

— Geralmente seus parentes mortos vêm buscá-las, para eles não se assustarem tanto. Se chegam doentes, passam pelo hospital e aí algum parente muito próximo diz: olha, vem cá. Precisamos conversar algumas coisas. Você morreu como eu. Mas, cadê Jesus? Cadê o Espírito Santo? Calma, eles devem estar meio ocupados agora.

É preciso ir devagarinho. Aí, abrem uma cortina e aparece um aparelho como se fosse uma televisão e vão mostrando tudo. A pessoa fica uns três meses quieta, surda, calada, porque todas as estruturas são perdidas. O que moveu toda uma vida vai por água abaixo num minuto. Ela tinha uma visão muito limitada do mundo astral e do pós-morte.

— Como as crenças são importantes, né?

— As crenças são o negócio mais sério de nossa existência. Se eu sou feito à imagem e semelhança de Deus, por que eu não posso andar na rua com aquela energia boa como se eu tivesse inventado esse planeta inteiro? Por que tenho que andar humilde, com a cabeça pra baixo, ferrado na vida? Eu não. Eles que não leram a Bíblia direito, porque está escrito lá. Não entenderam a mensagem. Ah, porque eu não acredito nessas coisas de declarar e acontecer. Se você declarar todos os dias que é rico, você é taxado de louco. Então, está bom. Declara todos os dias que você está doente e morrendo de câncer. Deus meu livre! Eu não vou falar isso! Está vendo que incoerência? Por que tem medo de atrair o ruim e não acredita que atrai o bom? É porque você acredita no mal e não acredita no bem. Por isso que sua vida anda mal.

Gente, vocês levam a morte muito a sério. A morte é praticamente uma brincadeira. A pessoa chega aqui sem braço, por exemplo, eles a colocam numa sala com gente com braço, batendo palmas e aí dá aquela vontade de bater palmas até que ela começa a desenvolver o membro de novo. É assim que puxa. Sabe como a gente cura a pessoa que perde a perna, morre e chega sem ela? Colocamos pra ela ver uma corrida, ou alguém dá-lhe um empurrão que ela cai no chão, com um monte de gente assistindo. Aqui a gente inventa de tudo para impressionar o recém-chegado. Levamos a pessoa para um estádio enorme com muita gente esperando pra ver e a pessoa lá no meio morrendo de vergonha, enfrentando seus medos, até que alguém grita: olha sua perna aí! Ela olha, olha de novo e aparece a perna, aí ela corre que não para mais.

Nossos hospitais astrais são teatrais, de impressão visual. A pessoa que foi muito orgulhosa, muito culpada, muito magoada e chegou aqui com câncer, nós a colocamos em várias situações, despertamos mais ainda sua culpa, indo até o extremo, mostramos pra ela, inventamos, mentimos, passamos uns filmes e dizemos: olha quanta gente você matou! Olha essas criancinhas aqui que você fez passar fome e frio! A pessoa se culpa tanto e vê seu câncer aumentando, aumentando, ela vai engordando e percebendo como provocou aquilo. A maior terapia é enfrentar aquilo que te enfrenta, até não existir mais.

Aquilo cresce tanto até que vira uma fantasia a ponto de não existir mais. Tudo que é muito grande você não consegue mais pegar. Você consegue pegar o universo? Você já pensou que é do tamanho do universo, já que é feito à imagem e semelhança de Deus?

A morte, seja de que espécie for, é um processo de transformação valiosíssimo. É uma grande bênção. A princípio, leva aquele susto, mas quem se assusta é o consciente da pessoa. O inconsciente e o subconsciente permanecem indiferentes.

Eu adoro quando o Cachoeira fala da beleza. Ele diz que a única coisa que faz o mundo melhorar é a beleza. A beleza é uma força muito grande. Tudo é belo. Tudo, absolutamente tudo tem seu lado belo quando você vê pelos olhos da alma, porque tudo tem sua utilidade. O que não é útil não foi criado. A hora em que você põe beleza na coisa, a chance de atrair a pessoa e mudar o sentido da vida para ela é muito maior. Por isso que eu falo que nós estamos aqui para embelezar o mundo, que estamos aqui para despertar nossa alma e a alma das pessoas, pois o sentimento de beleza vem da alma. A morte é uma das coisas mais belas que existe.

Por mim, eu ficaria dias conversando com o Cachoeira. São tantas informações interessantes, tantos detalhes curiosos que eu nunca imaginei existirem. Pra mim é um prato cheio, já que sou vidrado nessa combinação espiritualidade e ciência. Como sempre, depois desse tipo de conversa, eu fico pensando e procurando um adjetivo que qualifique a existência. Como é fantástica a criação divina! E pensar que cada um de nós é Deus individualizado... Como é espetacular a aventura de nossa eterna jornada!

Por fim, o Cachoeira terminou nosso papo com esta reflexão sobre a hora da morte. Achei tão magnífica, que fiz questão de terminar o livro com ela, já que o tema principal aqui abordado diz respeito à morte.

A hora da morte

A hora da morte chegou, assim que no planeta eu encarnei, e assim que no ventre da mulher eu me hospedei e comecei por ali a enfrentar os desafios da vida.

A hora da morte me vem cada vez que à vida eu me nego, cada vez que da coragem eu fujo, cada vez que ao medo eu me entrego.

A hora da morte passa por mim cada vez que eu desconfio do meu potencial, cada vez que eu faço do comodismo um hospedeiro banal e cada vez que à inércia eu digo sim.

A hora da morte me vem, quando por medo de morrer eu tomo cuidado demais e acabo deixando de viver.

A hora da morte é senão a hora em que posso viver livre, a hora em que descubro que posso viver com o meu espírito, com a minha alma, sem medo de chegadas e partidas, sem medo de faltas e abundâncias, sem medo de perdas e danos, sem medo algum.

A morte é senão a transformação para todo o mundo invisível, do qual eu já sabia existir, mas procurava através da matéria, provas que me convencessem de algo que estava mais do que estampado em minha testa.

A morte é senão a vida acontecendo instante a instante, enquanto eu me perco em pensamentos. Espero que eu morra hoje e que amanhã eu acorde vivo, tão vivo que cheio de vida e alegria eu não perceba mais o tempo passar, eu não deixe mais a angústia me pegar, e eu beba junto com o medo todos os meus sofrimentos.

Agradeço à vida por ela ter me matado a cada angústia, a cada dúvida, a cada perda, por ela ter me matado um pouquinho mais cada vez que eu deixei de ser eu para agradar o outro, por ela ter me esfaqueado a alma cada vez que eu neguei o meu potencial.

Agradeço e espero a morte a todo instante, e para a morte faço um desafio: me mate melhor da próxima vez, porque cada vez que você me visita, melhor eu fico e mais eu preencho o meu vazio. Eu sou morte e vida, eu sou vida e morte.

Um grande abraço do seu amigo Cachoeira.

CONHEÇA OS GRANDES SUCESSOS DE
GASPARETTO
E MUDE SUA MANEIRA DE PENSAR!

Atitude
Afirme e faça acontecer
Conserto para uma alma só
Faça da certo
Gasparetto responde
O corpo, seu bicho inteligente
Para viver sem sofrer
Prosperidade profissional
Revelação da luz e das sombras
Se ligue em você (nova edição)

Coleção Metafísica da saúde

Volume 1 – Sistemas respiratório e digestivo
Volume 2 – Sistemas circulatório, urinário e reprodutor
Volume 3 – Sistemas endócrino e muscular
Volume 4 – Sistema nervoso
Volume 5 – Sistemas ósseo e articular

Coleção Amplitude

Volume 1 – Você está onde se põe
Volume 2 – Você é seu carro
Volume 3 – A vida lhe trata como você se trata
Volume 4 – A coragem de se ver

Coleção Calunga

Calunga – Um dedinho de prosa
Calunga – Tudo pelo melhor
Calunga – Fique com a luz...
Calunga – Verdades do espírito
Calunga – O melhor da vida
Calunga revela as leis da vida

Livros infantis

A vaidade da Lolita
Se ligue em você 1
Se ligue em você 2
Se ligue em você 3

Saiba mais: www.gasparetto.com.br

GRANDES SUCESSOS DE
ZIBIA GASPARETTO

Com 17 milhões de títulos vendidos, a autora tem contribuído para o fortalecimento da literatura espiritualista no mercado editorial e para a popularização da espiritualidade. Conheça os sucessos da escritora.

Romances
pelo espírito Lucius

A verdade de cada um
A vida sabe o que faz
Ela confiou na vida
Entre o amor e a guerra
Esmeralda
Espinhos do tempo
Laços eternos
Nada é por acaso
Ninguém é de ninguém
O advogado de Deus
O amanhã a Deus pertence
O amor venceu
O encontro inesperado
O fio do destino
O poder da escolha
O matuto
O morro das ilusões
Onde está Teresa?
Pelas portas do coração
Quando a vida escolhe
Quando chega a hora
Quando é preciso voltar
Se abrindo pra vida
Sem medo de viver
Só o amor consegue
Somos todos inocentes
Tudo tem seu preço
Tudo valeu a pena
Um amor de verdade
Vencendo o passado

Crônicas

A hora é agora!
Bate-papo com o Além
Contos do dia a dia
Pare de sofrer
Pedaços do cotidiano

O mundo em que eu vivo
O repórter do outro mundo
Voltas que a vida dá
Você sempre ganha!

Coleção – Zibia Gasparetto no teatro

Esmeralda
Laços eternos
Ninguém é de ninguém

O advogado de Deus
O amor venceu
O matuto

Outras categorias

Conversando Contigo!
Eles continuam entre nós vol. 1
Eles continuam entre nós vol. 2
Eu comigo!
Pensamentos vol. 1
Pensamentos vol. 2

Momentos de inspiração
Recados de Zibia Gasparetto
Reflexões diárias
Vá em frente!
Grandes frases

ROMANCES
EDITORA VIDA & CONSCIÊNCIA

Amadeu Ribeiro

A visita da verdade
Juntos na eternidade
O amor não tem limites
O amor nunca diz adeus

Reencontros
Segredos que a vida oculta vol.1
A beleza e seus mistérios vol.2
Amores escondidos vol.3

Ana Cristina Vargas
pelos espíritos Layla e José Antônio

A morte é uma farsa
Em busca de uma nova vida
Em tempos de liberdade
Encontrando a paz
Ídolos de barro

Intensa como o mar
O bispo
O quarto crescente
Sinfonia da alma
Loucuras da alma

André Ariel

Surpresas da vida
Em um mar de emoções
Eu sou assim

Carlos Henrique de Oliveira

Ninguém foge da vida
Tudo é possível

Carlos Torres
A mão amiga
Querido Joseph
Uma razão para viver

Eduardo França
A escolha
A força do perdão
Enfim, a felicidade
Vestindo a verdade
Vidas entrelaçadas

Evaldo Ribeiro
Eu creio em mim
O amor abre todas as portas
(pelo espírito Maruna Martins)

Márcio Fiorillo
Nas esquinas da vida

Floriano Serra
A outra face
A grande mudança
Ninguém tira o que é seu
Nunca é tarde
O mistério do reencontro
Quando menos se espera...

Gilvanize Balbino
pelos espíritos Ferdinando e Bernard
O símbolo da vida
De volta pra vida (pelo espírito Saul)

Leonardo Rásica
Celeste - no caminho da verdade

Lucimara Gallicia
pelo espírito Moacyr

O que faço de mim?
Sem medo do amanhã

Lúcio Morigi
O cientista de hoje

Marcelo Cezar
pelo espírito Marco Aurélio

A última chance
A vida sempre vence
Coragem para viver
Ela só queria casar...
Medo de amar
Nada é como parece
Nunca estamos sós
O amor é para os fortes
O preço da paz
O próximo passo
O que importa é o amor
Para sempre comigo
Só Deus sabe
Treze almas
Tudo tem um porquê
Um sopro de ternura
Você faz o amanhã

Maura de Albanesi
pelo espírito Joseph

O guardião do Sétimo Portal

Meire Campezzi Marques
pelo espírito Thomas

A felicidade é uma escolha
Cada um é o que é

Mônica de Castro
pelo espírito Leonel

A força do destino
A atriz
Apesar de tudo...
Até que a vida os separe
Com o amor não se brinca
De frente com a verdade
De todo o meu ser
Desejo – Até onde ele pode te levar? (pelos espíritos Daniela e Leonel)
Gêmeas
Giselle – A amante do inquisidor
Greta
Impulsos do coração
Jurema das matas
Lembranças que o vento traz
O preço de ser diferente
Segredos da alma
Sentindo na própria pele
Só por amor
Uma história de ontem
Virando o jogo

Rose Elizabeth Mello

Desafiando o destino
Verdadeiros Laços
Os amores de uma vida
Como esquecer

Sérgio Chimatti
pelo espírito Anele

Apesar de parecer... Ele não está só
Lado a lado
Ecos do passado
Os protegidos
Um amor de quatro patas

Conheça mais sobre espiritualidade com outros autores de sucesso.

 vidaeconsciencia.com.br  /vidaeconsciencia @vidaeconsciencia

Rua Agostinho Gomes, 2.312 — SP
55 11 3577-3200

contato@vidaeconsciencia.com.br
www.vidaeconsciencia.com.br